U0924941

为什么有些人总不明白

夏东豪　著

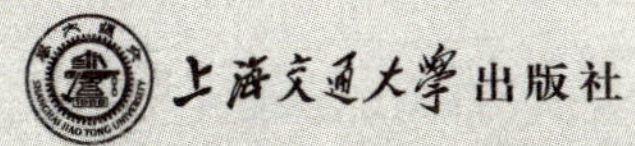

上海交通大學出版社

内容提要

最帅、最亲和、最有爱的心理咨询师夏东豪将他多年微博上的箴言金句结集成书，在这本书里，他将以一贯犀利的风格，一语点醒梦中人。他将告诉你：如何解脱痛苦？遇到背叛该怎么办？什么才是真爱？怎么爱自己？如何在爱中修行？如何让自己快乐生活？

本书适合对情感心理、学习、工作、两性、亲子等方面有困惑的人士阅读，也适合对心理咨询感兴趣的人士品味。

图书在版编目（CIP）数据

为什么有些人总不明白／夏东豪著．—上海：上海交通大学出版社，2014

ISBN 978-7-313-11943-8

Ⅰ．①为…　Ⅱ．①夏…　Ⅲ．①爱情－女性读物

Ⅳ．①C913.1-49

中国版本图书馆 CIP 数据核字（2014）第 191129 号

为什么有些人总不明白

著　　者：夏东豪
出版发行：上海交通大学出版社　　地　　址：上海市番禺路 951 号
邮政编码：200030　　电　　话：021-64071208
出 版 人：韩建民
印　　制：上海交大印务有限公司　　经　　销：全国新华书店
开　　本：710mm × 1000mm　1/16　　印　　张：16
字　　数：211 千字
版　　次：2014 年 9 月第 1 版　　印　　次：2014 年 9 月第 1 次印刷
书　　号：ISBN 978-7-313-11943-8/C
定　　价：38.00 元

序

自从四年前开通微博以后，经常有人在微博上向我咨询问题，内容大多是：他要和我分手，我该怎么办？他不爱我了，我该怎么办？老公出轨了，我该怎么办？和婆婆处不好关系，我该怎么办？我一次次地回答类似的问题，但还是有人不断地问我同样的问题，然后我就会想，天啊，为什么有些人总不明白。于是，就有了这本书 。

为了大家阅读的方便，我把这几年写的微博文章按照内容进行了分类，大家可以挑选自己感兴趣的部分进行阅读，也可以随意翻阅。虽然每一段文字都不长，但有用的话不在长短，就像古代的禅师一声棒喝可能就会让人开悟那样，我也希望我的某句话能够一语点醒你这个“梦中人”，从此解脱痛苦，不再因痴爱而烦恼。

在我这么多年的咨询中，我发现很多人搞不清楚，他认为自己很有爱、很付出，但为什么还是无法创造幸福的爱情。这是因为充其量他的爱商很高，但是他的逆商一定很低，所以他无法面对与处理好感情中出现的问题，例如被忽视、被欺骗甚至被出轨等，而我下一本书就是要写如何提升逆商，搞定一切的问题。愿大家在不断学习当中，改变自己，成就幸福。

我永远在这里，我支持你们！

夏東豪

2014年8月12日

目　录

为什么有些人总不明白

CONTENTS

PART 1

爱得彻底不如爱得通透

爱需要什么？

1月1日

爱只能源自内在，不可能来自他人。当跟自己爱的人在一起，自己的爱就流出来，所以觉得幸福。爱人离开时，自己涌出的爱就停了，但我们却以为是自己失去了来自对方的爱，所以苦苦希望得到对方的爱，事实上是自己的爱停止流动了。

有些人极度想找人来爱时，这说明心中的洞打开了，急需要弥补，这是个机会，应该好好做疗愈，而不是拼命想要爱人。

女人要的是爱，男人要的是自由。女人希望把男人变成奴隶，然后她也心甘情愿变成他的奴隶（问题是男人不需要）。男人希望女人给他自由，然后他也心甘情愿给女人充分的自由（问题是女人不需要）。然后两人就各自努力，不出问题才怪！男人女人需要各自放弃一部分坚持，给对方要的，才能创造出和谐关系！

1月2日

想结婚可以，但是请莫忘初衷，请追求“有爱”的爱情，如果不是因为“有爱”而在一起，那么以后出问题就是咎由自取，因为除了有爱，还要好好经营才会有幸福。

某个人的伴侣不好，别人问他“你为什么还爱这种人？”问的人不知道，这就是爱啊！许多人因为伴侣不好就不爱了，但是父母却不会因为孩子差劲就不爱了。当爱人中的一方不爱另一方时，就会越来越受不了对方，而父母因为始终爱孩子，所以就越来越习惯了。所以，爱是一切的根源！

有些人可能有着天使的面孔，有些人有着魔鬼的身材，有些人家财万贯，有些人德高望重，有些人才华横溢，但这些都不是最重要的，最重要的是两个人心灵上的契合，大家都知道也同意这点，但是很多人还是会看重心灵之外的这些，根本没有正视心灵的需求才是最重要的这件事。

对于爱情，我们要抱着一颗会去经营的心，而不是一颗去挑错的心。会经营的心不是指经营能力，经营能力是要去磨炼、学习和成长的。会经营的心是指，抱着准备好面对挑战并且努力去经营的意愿。

爱情需要的是信任，完全把自己交出去，但不是交给对方，而是交给爱。

你是否觉得爱人已经不会改变了？你是否只看到对方的缺点，没有觉得对方有令你称赞的地方？你对 TA 是否已经没有感觉了？如果你的回答都是“Yes”，那么你们应该去做心理咨询或分手或离婚了。

1月3日

两个人坐在一起，没说话，不是没话说，而是不需说话，就可以感到彼此的心贴近，有种平和、满足的感觉，那就是真心相爱的伴侣。

真正的爱情是不费力气感动来的，花力气得来的爱情不是真爱。不用花力气就彼此吸引在一起不代表就幸福了，接下来就是经营的事了。

能爱上一个人是种幸福，所以我希望你爱上我，不是为了我自己，而是为了你会觉得幸福。

不管你是追逐梦想还是放弃梦想，不管你是为爱前进还是恐惧和退缩，不管昨天你对我热情，今天却对我冷漠。这都是你，我都爱你，我爱不同面向的你，因为就是爱你，我永远在这里！

1月4日

有些人问会不会遇到真爱？到底有没有真爱？但是最大的问题是，提问的人自己有真爱吗？

让自己成为有爱的人比得到某个人重要多了。

有创造幸福能力的人，不论做什么选择都能创造幸福。没有创造幸福能力的人，不论做什么选择都不能创造幸福。所以，问题不是你该选择哪种对象，或者遇到挫折了就问“该不该继续？”而是，你有创造幸福的能力吗？

拥有爱很简单，因为很多人因为有爱所以结婚了。但是拥有幸福很难，因为幸福是被创造出来的。

让你开心，是很自然的事。听你的话，是很自然的事。帮助你成为你自己，是很自然的事。因为，我爱你，也是很自然的事。

1月5日

爱只能来源于自己。如果你坚信爱是因为对方做了什么，那么请问你，以后如果对方再做一模一样的事，照理说你应该要和现在一样觉得幸福，但是你也知道这是不一定的，对吗？

柏拉图说，若爱，请深爱，如弃，请彻底，不要暧昧，伤人伤己。人生最遗憾的，莫过于轻易地放弃了不该放弃的，固执地坚持了不该坚持的。我以为小鸟飞不过沧海，是因为小鸟没有飞过沧海的勇气，十年以后我才发现，不是小鸟飞不过去，而是沧海的那一头，早已没有了等待。

要懂得爱才有美好的爱情？懂得爱固然好，但那是很难甚至是几乎不可能的事。不如说，两个能创造幸福的人，一定是两个高情商高逆商（指爱情，不是工作）的人，或者说其中一个有极高的情商和逆商，才能创造幸福的生活。否则痛苦就是两个低情商和低逆商的人在一起造成的，但人们却总认为是爱的问题。

不断找自己的错误，不断改变自己，但不是盲目顺从，不要控制对方，要爱对方（通常很多人爱人的方式是错误的）。

想要与现任感情和睦，就必须尊重对方的前任，不要去计较。说到底，做不到就代表你不爱对方，你就会制造痛苦，最后逼对方不得不离开你。

说“我爱你”，能量只停留在原地，只有当做出我爱你的行为时，能量才流出去了。

1月6日

所有的爱只能来源于自己，当你体验到对方的爱的时候，这说明对方做了些你脑子判断是爱的事情，你对对方的爱出来了，所以你觉得对方好爱你的这个爱，事实上来自于你自己。

那些订婚或结婚又不见得有好结局，只是现在看不到，要等时间来印证，所以不用羡慕！还是宁缺毋滥的好！

我们看上一个人，以为要跟这个人在一起才会快乐，其实我们看上的是这个人身上自己所缺乏的品质，这就是会令我们“有感觉”的人。

你喜欢他，他喜欢你，这种到处都是，重点不在喜欢的问题，而在于两个人爱的逆商是否够高，才能相处一辈子。

如果把爱人当做满足自己的工具，亲密关系就会出问题。

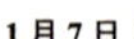
1月7日

爱一个人是开心的，要一个人的爱是痛苦的。

你不用回报我什么，因为我的爱是免费的。

我爱你，所以我要给你一个更好的自己。

爱情是需要滋润的，不然会死的。两个人可以各顾各地工作赚钱养家，但是工作之余，不可只各顾各地生活。

我只要感受到你的存在，就很幸福，你不用做什么。

男女的吸引源于性，有性才有爱。或许女性会说，女人是要先有爱才有性，错了，女人也是要有性作前提才有爱，如果我介绍一个性功能丧失的男人给一位女性，相信这男的不论条件多好、多吸引这女的，这女的还是不会选择交往的。

1月8日

“不受父母祝福的婚姻是不幸福的”，所以为了父母分手情有可原。但是，如果为了让父母满意，跟了一位没什么缺点但是自己没有动心的人在一起，那么，“不受自己祝福的婚姻也是不幸福的”。

不管自己多爱对方或者不论对方多爱自己，对于对方的给予要心存感谢，不要视为理所当然。许多人得到爱情后就失去了感谢之心，对爱人做的事都视为理所当然，从不知感谢，这种关系迟早会出问题。

每个人都注重结果，怕最后没有幸福美满就不敢爱了。拜托，有爱就去爱，会不会幸福是另外一件事，那是要去努力经营的事。

一个人能创造和谐亲密关系的能力，和他的爱情逆商成正比。

如果你想让我幸福，我会爱你；如果你只想要我让你幸福，我很难再继续爱你。

阻碍我们去爱的是记忆，记忆的事件是真的，但是记忆的诠释是假的，我们要抛开这些诠释，大胆地去爱，热情地去做自己喜欢的事情，我们就会感受到“生命很美好”的感觉。

一个素未谋面的人，一个未曾为自己付出的人，为什么会一眼就看上TA，甚至会疯狂爱上对方？一是源于性吸引力，二是爱上自己的投射对象，因为这投射在自己内心很久了，所以感情已经很深厚了，就像见到久违重逢的人，能不激动、能不执着吗？

1月9日

如果我不能给你想要的，没能让你和我在一起后，过得比你以前单身时还快乐，那我就没有资格要你做我的爱人，更没有资格说：“我爱你！”

如果你总是拿别人跟爱人比较，那你就没有真正爱上这个人。因为如果你爱一个人，你就会爱TA的灵魂，而灵魂是无法比较的，因为他们都是平等的。

现在剩女剩男的问题，不用到“找到真心相爱的人”这么高的层面，“找到对彼此有感觉的人”就已经不简单了。

当我和你在一起时，我们就是一体的，有关影响我们的一切决定和行动，我都应该告知你，或与你商量，我必须尊重你。

1月10日

两个人在一起很久了却迟迟不结婚，那是因为不愿结婚的那个人仍然认为对方不是自己心目当中最完美的对象。

沟通最最最重要的，就是肢体语言，而肢体语言里排在首位的，就是脸上的表情，和悦的神色表情能让沟通达到最好的效果。

两个人在一起，心灵只能相互吸引、相互分享，无法相互占据，如果有一方想要占据对方的心灵，势必会产生问题。

婚姻是要经营的，每个人都同意这句话，但是很多人都在口是心非，都在说谎而不自知，因为他们遇到爱人有问题，就一味地埋怨指责谩骂，然后不肯原谅，就算是对方的错，也不能如此。骂、怪罪，谁不会啊？这叫经营？

1月11日

人都有好与不好的地方，每个人都知道这点。爱就是要包容对方，大家也知道这点。但是当爱人有做不好的地方时，很多人就不接受爱人有不好的地方，也不会包容对方。很多人整天把爱挂在嘴上，说自己有多么付出，但是却不愿原谅对方犯的错，这都是假爱。

一个人如果有真爱：宽容、尊敬、信任等，TA就容易有和谐的亲密关系；一个人如果有假爱：索取、占有、控制等，TA就容易有痛苦的两性关系；上天很公平，人都是咎由自取。

有爱并不稀奇，能淡然处理挫折才是拥有幸福的真谛。

我相信一见钟情+再见钟情。一见钟情是看对眼，再见钟情是看对人，这两者缺一不可。

给出爱和索取爱就像一条水管有两个出口。当一个被堵住了，另一个的水量就会变大。

有爱只是在一起的开始，好好经营才能创造幸福！深深祝福！

有人认为不控制爱人是不可能的事。你爱你的父母吗？你可以不控制他们而只是爱他们吗？有些人会说“那不一样，亲情和爱情不一样”，没问题，那请你去看看那些真正过得幸福的伴侣，一定是不控制对方的。

1月12日

单身时，我们要找的不是对的人，而是要找出对的生活方式；婚后，我们要学会不事事争对错，而是磨合出能够彼此悦纳的夫妻之道。

“我要让爱人幸福！”你有在想这件事吗？你有去做这件事吗？还是每天看爱人有哪里是不爱你的？

一见钟情很重要，然后相知，然后二见钟情，然后互敬互信互爱，然后共同经营，我相信如此能创造幸福的婚姻。

我不想靠感动对方让对方爱上我，但是如果对方爱上我，我会去感动对方。

想要一段幸福的感情，一定要尊重爱人的前任，因为前任犯了错，今天你们才会在一起。

1月13日

婚姻不只是爱，如果只要爱，不结婚也可以爱。单身就像失业，你不用做什么，婚姻就像工作，你必须做到公司的要求，做不好就辞职或被开除（离婚）。婚姻要做到：建构组织、承担责任、改变自己、养育、教育等许多事项。

我一直没变过，我愿意成为陪伴你的那个人，问题是，你愿意吗？

自己其实对异性有很大的兴趣，但不好意思把它压抑下去了，但是这是发生在潜意识层面，意识层面还没有意识到，所以变成害怕。所以不要压抑了，简单地说，就是不要装了，下次看到异性，你就像看到动物园的动物那样很兴奋地看着对方。

1月14日

专一和忠贞有什么不同？专一是只爱一个牌子的牛奶，忠贞是只喝一个牌子的牛奶。

懂得爱的人的爱不是不懂爱的人想要的。

工作时间长的夫妻，房事的次数也较少，因为觉得很累，或许有些认为是没有那心情而不是没有体力，但是实际上他不知道那是因为没有“精力”，自然也就没有“心力”，身体对心理的影响是不言而喻的！

当男人对女人第一个想的不是上床而是想在一起的时候，那他是真爱上了这个女人。

如果不是因为性，男女不会在一起。性生活有问题势必影响伴侣的感情。

爱的正能量

1月15日

有人说:“世界上没有后悔的药!”,我说:“绝对有,那就是爱!”爱可以化解一切,只是这种爱就像小说中的千年雪莲一样稀有!

我们要相信爱,相信爱的力量,因为这是生命中最重要的事。

我希望你我能旁若无人,你大胆地表现你对我的喜爱,我热情地展现我对你的殷勤,我们两个就像爱的发电厂,让爱的强大电波,穿透每个人的心中,唤起每个人心中爱的能量,让大家相信爱还是很美好的,对爱情充满无限的期望。

1月16日

我要继续努力，让爱涌出来，不用刻意，不用压抑，不用装，而是自然地对过激行为没感觉，去爱那些受伤的心，用爱消融对方的憎恨，温暖对方的心。虽然每次要做到都很难，但是每次事后我都会幻想下次做到的样子，然后我相信下次一定会做到，结果未来有一天就真的做到了。

亲爱的，我爱你，所以我给你空间；我爱你，所以我给你自由；我爱你，所以我要你做你自己，你可以失去我，但是你不能失去你自己。

亲爱的，当你白发苍苍、容颜迟暮的时候，我依然会牵着你的双手，倾尽我的温柔，因为随着时间的流逝，我越发看见你的灵魂，对你的爱只会增加，哪有消逝的可能？！

或许我无法给你一颗钻石戒指，但是我会给你我的真心。

我们一定要看到对方的优点，而且衷心认为那是对方的优点。如果我们真的做到了，那么奇迹就会发生，我们就会开始看到自己的优点，重点是会“感觉”到自己很棒，而不是“知道”自己的确有优点但心中没有雀跃的感觉，然后人生就会开始发生巨大变化。

相信爱侣、赞赏孩子，不是一种用来应付的办法，而应该是由衷的心态与行为。

不论你未来在哪里，你会陪在谁身边，只要你想倾诉，我都会倾听，只要你累了，我都会陪你，因为我永远在乎你。

1月17日 我答应你，绝不放手。

亲爱的，我相信你，即使你不相信我。我相信你会成为更好的自己，虽然你认为现在已经很满足了。

我这辈子的愿望，就是和你在一起，永远陪伴你。

如果两人该在一起，最终会在一起。

恕我没有对你做很多事，因为我把精力都拿来对自己做很多事，来让我成为你的白马王子。

有抗挫折能力的人能化解问题，心中有爱的能量的人能创造幸福。

我对你有满满的爱，我会好好爱你，只要你张开手，靠近我。

1月18日 有了彼此相爱的人，就有了全世界。亲爱的，让我们一起拥有世界！

世界上最大的幸福是，我爱你，你爱我，在一起！

我的心愿是：一生能陪伴在你身边，能让我享受爱你的过程，我就幸福满足了。

我想与你，执子之手，心意相通。

不管你条件多好，也会有人不喜欢你；不管你条件多差，也会有人来爱你。

最美的时刻是——“当我们相爱并决定相守一生！”

1月19日

多想和你，脱离工作，远离尘器，放下烦恼，沉浸在碧海蓝天的沙滩阳光里，陶醉在遥远深邃的夜晚星空里，just you and me，will you？

岁月印在我的脸上，知识记在我的脑里，对你的爱……刻在我的灵魂里。

伴侣就是来戳痛自己帮助自己成长的！只有自己一个人的话，有些问题自己永远碰不到！

如果你想要的人拒绝了你，跟你在一起的人离开了你，当下可以伤心，可以抒发情绪，但是别忘了以后好好过日子，因为真正正确的人在未来等着你。

你在哪里，家就在哪里。

我们的爱，不一定有初恋的轰轰烈烈，不一定有前任的刻骨铭心，但一定是深情是成熟的，这种爱才能走向永恒。

我的愿望是想和你永远在一起，如果这也是你的愿望，让我们一起努力，不要轻易放弃，好吗？

亲爱的，我不需要百万粉丝，我只需要你当我的粉丝，而且是铁杆粉丝，永远的粉丝。

我想说“我爱你”，不是想要说服你爱我，我说只是因为我想说，因为对着自己喜欢的人说这句话，是件很幸福的事，你不需要接受，你只要知道就好了。就算世界末日到来，我也无悔，因为我说了心里想说的话。

1月20日 Being single means that you are strong enough and patient to wait for the one who deserves you. ——单身意味着你足够坚强，有足够耐心去等待那个值得拥有你的人。

女人是要用全心全意来疼的，你愿意让我来疼吗？

我愿将所有的财富给你，因为我已经拥有世界上最珍贵的财富，那就是你。

我爱你，是因为，当我看到你的时候，我只看见你的灵魂，没看到其他的。

亲爱的，我爱你，你是自由的！

I will wait until you come to me.

1月21日 就请你接受我的付出，你的接受，对我来说，就是最好的回报。

亲爱的，我爱你只是因为我爱你，而不是你对我做了什么我才决定爱你，只要我爱你，我就会好好对你。

我想要心心相印的爱情，两个人不需要为对方做什么，来证明自己爱对方，自己和对方就是知道彼此相爱，不论两人是否分隔两处或身处两地，心也很淡定，犹如父母和孩子的关系一样，是那么的永恒、笃定，双方在一起、看到对方就很开心，也不需要对方为自己做什么，因为爱已经在彼此间流动。

能让心爱的人每天笑，这是我最大的快乐。

人生最大的幸福是：找到一个人，我爱你，你爱我，我想让你幸福，你想让我幸福！

1月22日

我们应该要朝正能量走，我们要相信自己的爱会出来，而不是当别人鼓励我们、相信我们的时候，我们还在触自己霉头或否定自己，说不知何年何月才会出来，或认为很难。

我会宠你宠得无法无天，这是我的工作，因为我是好男人。你一点都不会被宠坏，这是你的工作，因为你是好女人。

以后不管生活如何甘苦，我都不会让你受到一丝一毫的委屈，因为我爱你！

我会尽情地爱你，好像从来不曾受伤害一样。

让爱流出去，千万不要让爱堵塞。

看到亲人情绪抑郁，想要帮助亲人，必须要让自己开心起来，才有正能量影响亲人。如何做到？我们要清楚，亲人的痛苦，我们不需要也无法替他承受，他的痛苦让他自己承担，我们只要给对方爱，善待对方就好，我们只要管自己有没有尽力，不要管对方有没有改变。

闭上眼，放松，仔细回想过去每一个美好的记忆，细心地去感受，我们会发现，生命真的是值得感谢。

幸福源自内在，坐在地铁里，都能觉得好棒，可以坐着这么方便的工具，到达自己想要去的地方，也感到当初建设这些工程的工人们的艰辛，感谢他们的前人种树，让后人乘凉。

爱是神马？

1月23日 真正爱一个人，会很乐意跟爱人在一起，但是不会强烈地想要跟爱人在一起，这种强烈的欲望，是想要被爱，不是爱。

我们要学会，当我们爱一个人，当我们把这份爱给出去之后，就不要停止了。除非对方拒绝，否则，如果只是因为对方对自己不好或分手，而自己就停止给对方爱，那么，自己就不可能再懂得爱了。

爱是善待对方，帮助对方，成就对方，而且自己一点都不想从对方身上得到什么，只要对方幸福就好，包括对方找到心仪的对象，也要感到开心。

1月24日

以前我“要你爱我”，现在我要做到“我爱你”，我要帮助你成长，我要成就你，我要让你活出自己，绽放自己，然后看到你找到自己心爱的人，看到你活在幸福里，这就是“我爱你”。

一个人不想你就代表不爱你吗？

爱一个人和要不要继续是两件事情。就像很多人爱父母，但是却无法和父母住在一起。如果两个人真的不适合，就分开，没必要因为爱而虐待自己。

很多人觉得自己有爱，但为什么还是过得不幸福？因为很多人是在演绎爱，就是把爱演出来，而不是发自内心的。

当我看见你，想要跟你在一起，这不是爱。爱不是自私与占有。当我看见你，非常欣赏你，如果你也欣赏我，愿意和我在一起，我很高兴。如果你只是欣赏我而没有到想跟我在一起的地步，我接受，还是欣赏你，并且乐意看到你找到幸福，这才是爱。

想要获得怎样的爱，自己要先给出怎样的爱。有些人会说“有啊，我都会打电话关心对方，可是对方都不打给我”。错！“打电话关心对方”，如果是对方要的，那是爱，但如果只是自己爽，那就不是爱。

真正爱一个人，是要给对方自由，而不是要去完全占有对方！

1月25日

我知道什么是真正的爱，但真正的爱不是我们想要的。真正的爱就是：①不控制，对方想干吗就干吗（这点有人就无法接受），②自己不会受到影响，始终用爱对待（这点也做不到，因为第一项就做不到了）。

不要再拿爱做借口来控制人了，这种行为就像一个男的得不到一个女的而把女的给强暴了，还跟她说“那是因为我爱你！”这种人真是无耻！但是这种人还真多呢！

我不知道爱是什么，但是我很确定爱不是什么。爱不是占有，不是控制，不是索取。

爱情不是按照自己的要求改变对方，也不是按照对方的要求打造自己。

一个人对朋友不会要求多，也不会批评指责，因为他不想也没那个权力。但为什么跟爱人在一起就有权力要求了呢？爱人不是用来爱的吗？而且如果是“爱”，那就更应该对他比对朋友好、更尊重才对啊！否则这就不是爱，苛求别人怎么可能是爱呢？

我发现，在我跟爱的人在一起的时候，我居然没去想到他们有问题，居然没有用我的能力去帮助他们，解决他们的问题烦恼，让他们活得更快乐。难道是我不够爱他们？是我冷血、见死不救？不，我发现，这才是爱，爱就是善待所爱的人，而不是努力改变他们，如果他们主动要求帮助，才努力帮他们改变。

“爱无能”的定义你可以查一下百度百科。“爱无能”这个现象早就有了，只不过近代才发明这个字眼，这个现象好像越来越多。

1月27日

“爱”是世界上最不需要去控制的东西，需要控制的是：自私、控制、占有、嫉妒、报复等！

我们认为没有人来爱我们是种痛苦，错了，让我们痛苦的是找不到人来让我们爱。我们缺乏的不是得到爱，而是没去爱，内在的爱没有流动。父母爱孩子，孩子固然开心，但是父母更开心，因为有东西可以爱，那种爱的滋味才是最快乐的。

两个彼此相爱的人，我们不需要做什么来让对方感受爱，也不要对方做什么来让自己感受爱，因为爱已经在彼此心中，这就是爱的连接，这样的爱就对了，否则都是以索取为出发点的爱，就必须靠不断的做才能感受到，那就不是爱了。

遇到不完美的爱人是让自己学会爱、体验爱的。那些遇到很好的爱人才愿意好好爱，也真的是好好爱的，不是真正的爱，那是在享受爱而回报爱。真正的爱是爱上一个不完美的人，还是很爱，没有受害或觉得可惜的情绪，这种爱是最美的。

辛苦工作回家的丈夫，凭什么要求太太端茶倒水？做了一天家务的太太，凭什么要求丈夫奉茶伺候？很多人想都不想地认为这是应该的，这想都不想的回答不是爱，是自以为是！爱不是理所当然，爱是分享，爱是邀请，对方如果不做，不可以责怪。

客户说“名片字有点小”，我说“还好”；亲戚说“名片字太小”，我说“这是设计”。妈妈说“名片字太小了，人家看不见”（人家不光指她自己，也指别人），我说“好，我改大一点”。有爱就是不一样。

1月28日

当我想搞定一个人的时候，即使是为TA好，这都不是爱，这是为了让自己开心。真正的爱只能看着事情的发生，而没有觉得有任何的不好，但是可以告诉对方，如果有爱应该怎么做，然后把行动的决定权交给对方，而无需为之操心。

爱是什么？爱就是没有了自己，没有了小我，只剩下爱。

耐心是最伟大的爱。

爱情最后会变成亲情，这是很美好的事，亲情只会让爱越来越深。那种“我对他没爱的感觉了，只剩亲情”的说法，还真的是“没爱”的借口。

没有控制的爱就像一瓶好酒，一开始味道非常普通，但是随着时间一点一点地过去，酒就越来越香，而且时间没有止境，酒香也无穷无尽。

1月29日

爱一个人是去“爱他”，而不是“要他”。

爱个好爱的人很容易，这谁都做得到，这种爱真是爱吗？去爱一个难爱的人，不管对方做了什么都依然爱他，这才是爱。

以“好好去爱一个人”为出发点去对待一个人，而不是以“得到一个人”为出发点去对待一个人。要去掉“得到一个人”的目的不简单，也很痛苦，但是唯有这样做，才有机会懂得爱是什么。

不要管对方爱不爱你，你只管你爱不爱对方，如果爱对方，请用爱对待对方，而不管对方是否用爱对待你，这样做，你就懂得了爱。

1月30日

爱一个人就是，不论TA如何待我，我都爱TA。

爱是能感受对方为什么有情绪，能看到情绪背后的动机，能体谅，能用爱去化解，因为每个情绪的背后都是一颗受伤的心。

我爱你，就帮你活出你自己。

相待，不在一起的时候，各自爱

到痛苦、焦虑、彷徨和恐惧。

循环。所以不可以只付出而不接

愿轻易叫别人帮忙或欠别人的，

对方的光明面，但是对于对方的阴

是真爱。

索取的爱，相互平衡得好就幸福。

但你不喜欢，或对方离开你去追

开心，那才是真爱。

夏东豪，中国、菲律宾、西班牙三国混血，毕业于美国南加州大学，北京师范大学应用心理学博士，中国国家二级心理咨询师，美国NGH催眠治疗师导师，美国ABNLP-NLP执行师，美国TLT时间线治疗师，IPCA国际注册高级心理咨询师，领导力技术培训导师，是荧幕最帅、最亲和、最有爱的心理咨询师。

言语犀利、思维独特，俊朗的形象、正面的能量、热情的感染力及一针见血的辛辣点评，让他深受观众和咨询者的肯定，被誉为最受欢迎的催眠师及职业讲师。

上海交通大学出版社
SHANGHAI JIAO TONG UNIVERSITY PRESS

1月31日

爱不是很高兴找到一个自己喜欢的人，然后开始控制他、改造他。

如何检验自己是否真爱对方？那就看看自己是否“不论你变胖变老变丑变穷，我都还是会爱你”。

爱就是爱，爱不是为了原谅人，不是为了感化人，不是为了感动人。爱是很自然的，不是为了某种目的。

爱，不是可以追求的东西，因为它从来不在外面。爱，本来就存在我们每个人的心里，我们只能想办法让它出来，怎么才能让它出来？那就是不要去阻碍它，怎么不阻碍它？那就是放下脑子。而静心，是放下脑子很好的一个方法。

2月1日

爱不是理所当然，人们最大的问题就是把爱视为理所当然，而忘了感谢。如果我说“你要感谢爱人对你的专一”，有人一定会说“有没有搞错？专一是应该的，还需要感谢？”是的，需要，我们应该对爱人对自己的专一，心存感谢之意。

如果因为爱人而失去了自己，那这种付出不是爱。试想想，如果一个人为了满足B，而去虐待A，这种对B的爱是爱吗？不，这是一种变态的爱，而这A通常是自己。

亲人或爱人遭遇令人痛苦的事，不是一定要有担心才显示有爱，担心恰恰表现出自己的负面情绪而已，这不是爱。表现难过也不是在爱对方，只是在为自己哀悼。有爱的人，可以没有负面情绪，但是不代表不作为，有爱的人可以用行动表示。例如：安慰，找心理医生来解决心理的问题；照顾，找更好的医生解决身体的问题。

2月2日

真正的爱是非常强大及永恒的，但是很多人都把“索取与控制”当做“爱”，然后用这种“爱”去爱别人，如果受挫就下结论“爱是如此的脆弱和不堪一击”，“爱人是痛苦的”，“谁付出爱谁就会输”等，接下来就会爱无能。所以千万千万千万不要把“索取与控制”等于爱，这样才能对爱保有美好的感觉并且相信爱。

真正的爱，就像父母对孩子，只要孩子快乐就好，并不是一定非要孩子陪着父母。如果有人做到只希望爱的人开心就好，爱的人不是非要和自己在一起，那就是真正的爱。

真正的爱是不公平的，因为真正的爱只有付出，不求回报。想要公平对待的，叫索取、求回报、交换。

只是看着你的脸，什么话都不用说，什么事都不用做，就有种幸福的感觉，这是不是爱？

判断爱的标准很简单，感到开心就是爱，痛苦就一定不是爱。

当我喜欢一个人，我就一直想得到对方，我以为这是爱，但这绝对不是爱。

真正的爱是，我爱你，但是我不需要你。

爱是要让对方感到幸福！其实，让对方感到幸福很简单，但问题通常不会出在这里，因为对方感到幸福又不会跟你吵。通常问题是，对方虽然幸福了，但是自己觉得不幸福，怎么办？你会跟对方吵，还是随TA去？有些人会说“沟通”，但是如果沟通不了，你会跟对方吵，还是随TA去？

2月3日 爱是神马？想要让对方幸福，做到让对方幸福！

多少人懂得爱？爱就是希望对方幸福，看见对方幸福自己就开心了，哪怕不是跟自己在一起，哪怕对方因此要和自己分手。你做得到吗？

我发你短信，你不回我不开心，你回了我好开心，这不是爱。我发你短信，你回了我开心，你忙你的事不回，我也开心，我并没有因为没从你身上得到什么而不开心，我只因为你得到你想要的而为你感到开心，这才是爱。

如果我爱一个人，我不会在乎她的过去，你要怎么爱，你自己决定。

2月4日 有人问："如何创造和谐亲密关系？"都说和谐了，首先就是要尊重，不要控制，否则何来和谐？

对爱情的态度："是我的就是我的，不是我的就不是我的"，接受它的到来，也允许它离去，这是自信、自爱与自由！

当男人看着他的女人，觉得不化妆比化妆的时候好看；不论胸部大小都很吸引他；对于岁月在她身上的痕迹有深深的感动；那么，他是真正地爱上这个女人了！

我们爱一个人并不代表对方必须要爱自己，而且既然我们是要爱一个人，就去好好爱他，而不是要他来爱自己，他可以做他自己喜欢做的事，他可以不满足我们的需求。这是爱的真面目，没人敢看，也没人敢承认，更没人敢去执行。

2月5日

爱只发生在自己的内在。人为什么会感受到爱？因为自己设定了什么是爱的标准，如果非自己所爱之人做了，哪怕对方充满爱，自己也不会有感觉，但是如果是所爱之人做了，哪怕对方是装的，自己也觉得收到爱了。一切都发生在自己的内在。

什么是爱？例如：我们总要求另一半要对自己诚实，这不是爱，但我们对另一半诚实，这就是爱。看懂了吗？

你爱他吗？“我爱他。”放手吧“不要。”你真的爱他吗？“我真的爱他。”那就放手吧“我不要。”你确定你是真的爱他？“我真的确定我很爱他。”爱他就给他他要的，放开他“我知道，可是我真的做不到。”……看出什么了吗？

爱就是希望并让对方开心，这种爱会成就佳偶。但是很多人是希望对方让自己开心，这种爱会造成怨偶。

真的不需要有真爱，因为这几乎没人能做到，你也不可能做到，你又如何要求别人做到。有爱就行了，不要加个“真”字。

让你哭到撕心裂肺的那个人，是你最想索取爱的人。让你笑到没心没肺那个人，是你不索取爱的人。想爱一个人或想得到一个人的爱，先要了解“爱”与“索取爱”的分别！

许多人实际在找一个让自己舒服的人，如果让自己舒服了，就爱对方，如果没让自己舒服，就不爱对方。这不是爱！

你若真爱一个人，请给他要的爱人，而不是要他来爱你。

2月6日

爱不需要努力，需要努力的不是爱。有爱自然会有爱的行为，没爱就会努力去做出爱的行为，满足别人以获得肯定或对方的爱，或者是满足自己以让自己觉得自己是很有爱的人或让自己有价值感。

恋爱 (fall in love) 是索要爱，要求公平的对待。真爱只是给，不要回任何东西。如果对方爱上别人，恋爱说：你怎么可以这样？真爱说：你去吧！

想拥有就会想控制，控制不了就痛苦，这不是爱。痛苦的人完全不认同这个理念，他们会说“如果不想控制，任由对方爱怎样就怎样，那就不是爱啊”，他们当然必须拿爱来合理化他们的控制和欲望，如果不拿爱当理由，哪站得住脚？

爱情需要一个爱他的人在身边，这种需求没错，如果不能满足对方，不如选择放弃，如果你爱对方就给他他要的，放心，他不会是你这一辈子唯一会爱上的人。

2月7日

你如果幸福地上了天堂，上天问你：“有没有人是你还惦记、放不下的？”如果有，那个人就是你爱的人；如果没有，很抱歉，你没有爱上任何人。

如果你只是想得到我，请不要爱我；如果你爱我，你已经得到我了。

唯有能从他人感受到爱的人，才能给出爱。

乔布斯说：“活着就是为了改变世界！”我说：“要改变世界，就要先改变自己！”

2月8日

爱情不是按照自己的要求改变对方，也不是按照对方的要求打造自己。

爱一个人，就是心理上帮他打破限制性的信念，行为上帮助他做他自己，成就他，让他成为闪闪发光的自己。

要触摸才是爱，光说不是爱。爱人相互触摸的时候就感受爱的触摸，不要联想到性，这样真的爱才会出来。回去探望父母，也要触摸父母（牵牵手、摸摸背等），这是最好的爱的表示。

宽恕就是爱

2月9日

我活得开心有个秘诀，爱情上遇到不开心的事，我会问自己，有什么事比生死的事还重要？我的意思是，如果面临对方要死亡的时候，我是否能不计较？如果能不计较，为什么现在对方活着的时候我要计较？

要活得快乐，人一定要学会宽恕，再修炼，人需要的不是做到宽容，而是改变思维观念，改变了，就没什么需要包容了，因为根本不会受伤害，何须宽恕？

2月10日

为何要宽恕？一、我也会遇到不公平被欺负的事，我也从来没得罪他们，我没做坏事，为什么上天要这样对我？我想那一定是上辈子欠他们，就算了吧。二、我是为自己活，何必为他们活？原谅他们是为了放下所有的情绪，让自己过得快活，而不是让他们舒服（事实上，他们自己过得好好的，才不在乎你有什么情绪）。

很多人都得了王子公主病，认为别人应该对他们好、对他们好是理所当然、别人都是欠他们的，他们从来不懂感谢与宽恕是什么，结果别人不符合他们期望时，就感到痛苦，这叫一个活该。

憎恨之人最大的问题是，把自己封印在受伤的那一刻，不愿走出来。越停留在伤痛处就越痛苦，越痛苦就越憎恨，从此就进入了苦海，想要从苦海解脱的唯一途径，就是宽恕。

想要幸福，只需要做一件事：宽恕，宽恕别人，以及宽恕自己。

世界上不是没有好男人，好男人都是从错误与宽恕中培养出来的。

无法忘掉，只能转化，转化的方法是爱与宽恕，宽恕的方法是，不要怪罪别人（包括不要怪罪自己）。

无法忘记，只能去宽恕。如何做到？就是你要了解任何人都可以做任何事，不需要照你的意思活，别人做的你认为伤害你的事，实际上他只是为了自己，并不是精心密谋计划来伤害你的，是你自己要受伤害。

2月11日

先要去宽恕别人，感恩别人，不要讨厌任何人。如何做到？就是要知道没人是欠你的，每个人都有做任何事情的自由，不必符合你的期望，这样你才能不怪罪他人。

让你受伤的人，就是来让你成长的“对的人”，如果你能从中成长，就是不怪罪对方，宽恕对方，对对方做的事不再感到受伤，那么你就成长了，你才能遇到“你心中所谓对的人”，否则，只会重蹈覆辙。

不是要放下，是要宽恕。如何宽恕？就是你要知道，世界上没有人是为你而活，没有人是欠你的，没有人必须照着你的意思做出行动，也就是说不论对方做什么都是他的自由，你不应该受害，不应该怪罪。事实上你会发现，你还是没变，谁叫你要计较，活该你痛苦。

2月12日

阴影和伤痛都是可以疗愈的，疗愈后就一点都不会痛了。所谓一辈子无法忘记的痛，是因为不愿去宽恕的报应。

一个人改变再大，如果没有宽恕自己最讨厌的人，那本质上还是没变。

有些电影或故事，有人看完后感动的，不过是引发人对无私的爱的向往或触发一个人的创伤，但是并不代表这个人就变了。一个人想要改变，不是要学习爱有多美好，而是要学习如何宽恕伤害自己的人，如果更进一步，还要看到伤害自己的人其实并没有伤害到自己，而是自己的想法伤害了自己。

做好事会有福报，宽恕别人福报更强。

2月13日

如何帮一个人？用爱对待他。如何用爱对待？自己要先学会爱。如何学会爱？要学会感谢和宽恕。如何学会感谢？任何得到的都应该感谢，因为没有人欠你的，不管他是你的什么人。如何学会宽恕？要看到伤害都是自己太计较造成的，问题出在自己身上，既然是自己的问题，怎能怪罪别人？

不要再看激励或感动人心的书籍或影视作品了，如果你还不愿意宽恕你最讨厌的人，你看了也是白看。

对于有些人，不要再去看书，也不用再去上课，不要再逃避了，这些人要做的事，就是去宽恕讨厌的人，这个人可能是父亲、母亲、爱人、过去的爱人、其他任何厌恶的人。

宽恕是每个人或多或少都要学的功课，当灵魂在督促时，小我却固执地宁愿死也不愿宽恕对方的时候，那么身体就会如他所愿，开始产生疾病，甚至癌症。

一对爱人如果在结婚前还没学会道歉，那么婚后的关系一定会出问题。

所有生理的疾病都是心理造成的，只要能化解心中的压力，改变心中的观念，许多病症就能不药而愈，但是很多人不愿改变想法或宽恕别人。

真正有爱的时候，不需要去学宽恕是什么，因为有爱的状态，是不会想要去怪罪别人的，因为有爱的状态是不会觉得受伤的，既然没有怪罪别人的地方，又何来宽恕的举动呢？

2月14日

虽然宽恕是很好的品质，但是它最主要是帮助了会宽恕的人他自己，而被宽恕的人，有时候因为被宽恕，事情也了结了。但有时候被宽恕的人会有内疚感，此时解决的方案是，即使宽恕的人不需要，也要向宽恕的人提出补偿的要求，这样才能平衡被宽恕人内在的能量，才可以消除内疚感。

成为有爱的人不难，难就难在愿意成为有爱的人。去成为有爱的人，代表你要原谅对方的错，完全不会生气，你愿意吗？

人要养成一双透视的眼睛，能透视对方令人讨厌的态度或行为背后是由于受伤的原因。

我们越是觉得可恶的人，越是能磨炼自己，. 越是能打开我们心中的爱，如果我们不选择怪罪对方的话。

2月15日

在爱情的道路上，两人彼此有所付出，即使对方做错什么事，也不至于把过去的功劳一笔勾销，可是很多人就是这样对待犯错的爱人，把犯错的爱人过去曾对自己的好都当做没发生过，愤愤不平，不愿原谅。

没有“道歉”和“原谅”的两性关系是不健康的，你的爱人缺哪一样？你缺哪一样？

存在感不重要，不如学习多点感谢，多点宽恕。

如果别人犯一次错，就要跟别人绝交的话，那这个人很快就会没有朋友，孤独一生，所以我们要能原谅别人。其次，为这种事就决裂，这算朋友吗？最后，我们要检讨自己，如果要避免这种事发生，下次该怎么做，自己才能成长。

PART②

我不说，你怎么会懂得？

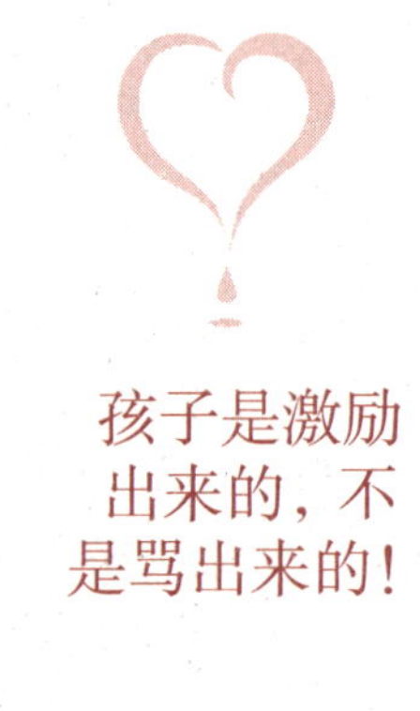

孩子是激励
出来的，不
是骂出来的！

2月16日

很多人因为父母会伤心难过，就不敢违背父母。反问你，如果你以后孩子做错事（抢人家玩具），你把玩具拿回来还给人家，你孩子就哭了，你会怎么做？①为了不让孩子哭，不把玩具还给别人；②为了教育孩子，尽管他哭他伤心，还是要做正确的行为。

很多人对待人际关系的态度，实际上是来自于对父母态度的投射。投射有两种情形：一种是对父母的压抑发泄在别人身上；一种是对父母的反应就是对人们的反应。不论哪种，所以如果想改变对人的态度，就必须做到改变对父母的态度。

2月17日

我一向不会让父母操控我，我不可能是父母的傀儡，你的生命你自己决定。

我父母离异，婚姻也是破裂的，但是我不怕跌倒，所以勇往直前，要从自身检讨做到不怕失败，不要把自己的恐婚症怪罪到父母头上。

父母的无条件积极关注会帮助孩子建立起“爱的花园”。在爱的花园里成长，孩子可以非常自信地去探索世界，不会惧怕未知的世界，因为TA相信，如果TA受了伤，如果别人拒绝了TA，TA还是可以回到这个“爱的花园”，爸爸妈妈会爱TA，支持TA。

每到快放假时，家长就开始担心自己的孩子天天待在电脑旁，玩游戏、聊天。他们不知道，其实孩子是去网络上创建一个新的、让他们能够感受到爱的花园，如果在现实生活中，这个花园早已由父母、学校建立好，他们就不会那么迷恋网络了。

很多人以为出生的不公平是对于孩子来说的，因为孩子无法选择父母，否则孩子可能选择出生在比尔·盖茨的家。但事实上是对父母的不公平，因为父母不能选择孩子，否则父母可能选择比尔·盖茨做孩子，而父母的确是孩子选的，是孩子根据前几辈子的因缘选择要到这家做孩子的！

有人问我，在中国为何父母总喜欢干涉子女的婚姻？虽然他们是好心，但他们的做法不一定是正确的。有什么办法可以改变这种状态吗？改变父母不太容易，不如改变自己不受父母影响。

2月18日

现在在出诊的路上（就是当事人不肯接受咨询，家人请我去他家做咨询的），又是亲子之间的矛盾。哎！我只能说，如果不是父母自己造成的，又是谁造成的呢？孩子出世时是一张白纸啊！造成今天的局面又请人来解决。早知如此，何必当初呢？

要相信一个人的生物本能，一个人如果感到冷，你不给他盖被子，他还会跟你翻脸呢！所以你女儿不想盖被子是因为她的身体告诉她它不冷，你可以等她睡着后再给她盖。孩子经常造成父母的不方便，但是对孩子而言，TA没有任何错，所以养孩子要忍着点，不要轻易将气发在孩子身上！

变态心理的背后，一定有个问题的童年！

将心比心，把媳妇当做女儿……是大道理，要活得快乐，就不要抱怨……是硬道理！

2月19日

负面的童年回忆与经验，是造成排斥与拒绝的主要原因之一。如果童年的一些事情令你感到不悦、难过、生气、恐惧，那么在成人时，一旦遇到类似状况你就会将童年不愉快的经验直接转换成现在的反应。

孩子是激励出来的，不是骂出来的！

很多父母不让孩子干这干那的，其实是抑制了孩子的创造力、果断力、行动力及勇往直前的动力！

全世界哪一国的孩子最牛逼？答：中国人的孩子。因为中国人的孩子从小被家长逼，被老师逼，被学校逼，被社会的眼光逼，被教育的制度逼，被逼成这样还能不牛逼？

2月20日

现在的教育的确有问题，教育包括学校教育和家庭教育，学校应该鼓励肯定多于批评指责，家庭应该正确引导多于过分溺爱，如果反其道而行的话，家长培养出的抗挫折能力低的孩子，遇上变态无爱的老师，两者夹杀，孩子哪承受得起？

现在家庭教育大多把孩子养成以自我为中心。上次在餐厅，看到一家5口吃饭，爸爸妈妈和爷爷奶奶全都帮10岁的孩子夹菜，孩子完全不用自己夹，全家其乐融融，父母在不知不觉中错误地教育了孩子！

“没有血缘关系，他们一定不会对我这么好”，你想得没错，但是现在你们就是有血缘关系啊，请认清不要否定这个事实，因为这个事实所以你们才相爱啊！你也不会去爱别人的父母，不是吗？

站在心理学家研究的角度，妈妈把孩子养成这样也不简单。很多父母带着问题孩子来做咨询，觉得孩子怎么会这样子，但他们忘了，是他们把TA养成这样子的！

打孩子是为了孩子好，为了孩子好就一定要打孩子吗？

不要认为因为对方是男朋友、老婆，就应该“天经地义”地对你好，甚至包括父母，只要他们对你好，你都应该感谢！

当父母称赞说：“我的孩子最听话了，”这是最可悲的事，因为孩子竟然照父母的意思打造自己。

2月21日

父母爱批评怎么办？既然他们有批评挑错的病态心理，你就接受认定他们就是这样的人不会改，然后放弃从他们身上得到肯定，自己管自己的。与其你管他们为他们活造成你一辈子痛苦，不如你管自己为自己活让他们一辈子痛苦。

父母感情好不好，那是父母的事，不干我们的事，我们不要去管它，心里也不用去希望他们好，就完全任由他们有怎样的关系，就存在怎样的关系，完全不要想去改变他们。我们唯一能做的，就是好好爱他们，对他们好，就足矣。

不管父母待我们好不好，有件事一定要感谢父母，感谢他们给了我们生命，无法感谢父母给我们生命的人，等于无法感谢自己的生命，这种人终其一生是不会感到幸福的。

2月22日

一位妈妈说女儿感情总失败，了解到妈妈对自己丈夫的态度后，我对妈妈说："你把男人批评成这样，你女儿还相信男人吗？"妈妈回答我："我没有批评男人啊，我还鼓励她多交男朋友呢！"我说："拜托，你老公不是男人吗？"若要儿女对异性有健康的心理，就不要在儿女面前批评爱人，儿女自会评判。

父母控制自己的未来怎么办？要么说通你父母，要么不理你父母，但是不理不是叛逆顶撞，而是温和地坚持，嬉皮笑脸地对待，然后坚持走自己想走的道路。

爸爸不是可有可无的角色，爸爸对孩子有举足轻重的影响！

一个女的如果痛恨自己的父亲，一开始跟男友交往都会很正常，但是一旦对方越认真或者彼此的关系越亲密，就会开始恐惧或逃离。想要解决就必须化解对父亲的仇恨。

2月23日

只有“敢要”的父母，才会教出“敢要”的孩子。如果父母自己都唯唯诺诺的，又有什么资格叫孩子勇敢一点？

经常和母亲讲电话，通常一讲就是1小时，大部分都是母亲在说话，说什么内容其实不重要，重要的是听到彼此的声音；有时候甚至连母亲都不知道要说什么而两边都沉默着，但是我们一点都不觉得尴尬，因为我们享受这种时刻，因为爱在连接。

又看见母亲打着“为孩子好”的名义行控制之实，这种情况下，通常父亲也插不进手来，否则就是狼狈为奸，两个一起管，一起控制，结果孩子出问题了，才挽救，才后悔。哎！早知如此，何必当初？

活出自己不需要吵架啊，父母要吵就由他们去，对他们态度和蔼，但是自己立场坚定就好了，你如果不活出自己、让自己活得痛苦才是最大的不孝。

孩子一出生就有爱，是流畅的。但被妈妈批评时，就缩回来，所以感到痛苦，然后会以为是因为妈妈不爱自己的缘故，但事实上是自己不去爱的缘故。当妈妈对自己好时，内心的爱又流动了，然后会以为是因为得到妈妈给的爱，但事实上是自己的爱又流动了。

夫妻离婚不等于孩子失去父母的爱，夫妻离婚只代表你们两个失去彼此的爱，你们对孩子的爱还是在那里，只要你们对孩子好。最重要的是，你们彼此不要相互埋怨，要乐观地面对生活，这样孩子照样能健康成长。许多父母离婚了，彼此恶意相向，造成孩子的心理问题，然后就归咎于离婚，这是错误地推卸责任。

2月24日

很多人认为如果不听父母话，让父母伤心是不孝，所以就不敢违背父母。但事实上，父母不让孩子活出自己、不让孩子照自己的意思过活，是父母“不肖”，而我们要制止父母不肖的行为。

要改变对人际关系的态度，就要先从改变对父母的态度开始，要敢否定父母，要敢在父母面前显示自己的情绪，要敢让父母生气或伤心，但不代表要去做，但必要时要敢做。

有些人受父母控制觉得很痛苦，但又觉得反抗不了。表面上，是逼不得已，但事实上是因为怕反抗以后，父母就不照顾自己了，如果自己离开家，就会吃很多苦，那怎么行！所以还是不反抗好了。

孩子教育问题永远不是问题，问题永远出在夫妻关系上，夫妻要搞定的不是孩子的教育问题，而是彼此之间的问题。

2月25日

不把错的当恶的，不等于没原则。例如，孩子偷窃了，是错的，如果你不管就是没原则。所以还是要管，但是你不要把孩子想成恶的，你还是要管教，但不用盛怒批评指责孩子，这样做，你依然“有原则”地管教孩子，同时过得快乐。

在家庭里面，夫妻的关系优先于亲子关系。夫妻之间的关系好，孩子自然好，但是很多人把孩子的重要性摆在伴侣之前，这样的相处模式，反而对夫妻双方及孩子不利。

很多人进入亲密关系模式，等同于进入亲子关系模式，所以对另一半的要求变成对父母亲的要求：“不管我做错什么，你不可以有情绪，你都得包容我，因为我是你的孩子，你是我的父母，你必须爱我，你只能对我好，”然后，接下来会发生什么事情，可想而知。

2月26日

狼爸虎妈的教育是变态教育，他们的书应该禁止，否则，鼓吹小三的书都可以出版了。

儿子：“我要去装扮一位超级英雄，你不要偷看哦！”爸爸：“好！”过了一会孩子穿了一套小西服出来，爸爸说：“这不是蝙蝠侠也不是蜘蛛侠，你扮变身前的超人？”儿子：“不是。”爸爸：“黑衣人？”儿子摇头，爸爸：“好吧，我放弃，你到底扮演哪一位超级英雄？”儿子：“你！”

身为父母，为了自己，要把自己的心理过得健康快乐，为了孩子，还是要把自己的心理过得健康快乐，孩子的心理就会健康快乐。所以过得痛苦的夫妻，不要把焦点放在“为了孩子不知道该不该离婚”上，应该把焦点放在“让自己过得健康快乐”上（注意，我没说要离婚）。

为什么要装好人？因为怕别人否定自己，为什么怕别人否定自己？因为怕被孤立，为什么怕被孤立？因为怕得不到爱。这都是源自小时候“如果父母否定我，我不光会得不到爱，我还会活不下去”的恐惧。

许多人认为，如果一个母亲不为孩子担忧就不是个好母亲，但事实上，母亲的恐惧反而会造成孩子发生问题甚至疾病，因为母亲一直把自己的“愿望”投射在孩子身上。然后果真发生事情的时候，母亲又可以好好照顾孩子，给孩子爱，满足了自己是个好母亲的愿望。

2月27日 孩子违背父母的观念或心意时，父母不可以用“不孝”来压孩子，也不可以用“传统”来要求孩子，更不可以用“伤父母的心”来操控孩子，孩子有绝对的权力来选择如何过自己的生活，父母受不了是父母自己的事，父母要成长。即使父母因此与孩子反目成仇，孩子也不必自责，因为这是父母自己造成的。

如果小孩讲错话，我们不会怪他，因为童言无忌。但是同样的错话，大人说了我们就会生气。其实我们要看到，每个人懂得爱的程度都如同小孩，所以当别人不懂爱做出了一些错事，我们就把他当做小孩就好了。

一个人与父亲或母亲的爱若曾被中断，长大后当他想与伴侣亲近时，他会再次感到痛苦和害怕，因此无法与别人有彻底的接触，最多亲近到一定程度就无法再深入（这里指心理层面）。

2月28日 如何爱孩子？一在孩子面前不要批评爱人。二要这样夸赞孩子：“我觉得你（孩子的优点），和你爸爸/妈妈很像。”这样，有助于孩子更好地发展自己！

父母经常会认为“我并不想从孩子身上得到什么，只要他们过得好就好”，可是很多父母不自知自己其实要的很多。如果孩子给钱能满足父母，那还好办，但是如果一定要孩子“活得快乐”才能满足父母，这要求其实更大。

大多数父母搞错了一件事，以为读书好就是会赚钱，所以不断训练孩子会读书，结果成绩优异的都跑去给成绩一般的打工了。如果给学生一笔钱，叫他用这笔钱去赚钱，学生一定不知所措，但是给他一本书去准备考试，他一定很清楚该怎么做。这就是区别的关键所在。

3月1日

你要先学会爱你的父母，不批评你的父母，如果你会评判别人，你就不可能不评判自己。

如何成为好的父母？做自己小时候希望见到的父母便是。

爱的解决方案：父母多陪伴孩子，多跟孩子交流，询问孩子的想法，和蔼地跟孩子讲道理（意思是父母要改变教育与相处模式）。暴力的解决方案：抓起来打一顿。

给孩子一对幸福的父母（不管有没有在一起），远比给孩子一个完整但不幸福的家庭重要的多了！

父母及社会的教育问题，使得孩子从来不知道自己喜爱什么，只知道把成绩考好，出社会只知道找钱多的工作，如果真的钱赚得多，那就活得快乐，如果钱赚得不多（不是多不多的问题，应该说是满不满足的问题），就觉得不快乐。然后，这份无意识的不满，又会发作在周遭人身上，造成关系恶化，更加觉得不快乐。

有些父母花很多时间来批评和控制，也一定会造成孩子的心理问题！

坚定自己的意志，去做自己想做的事，不要讨厌父母的反对，永远嬉皮笑脸、软磨硬泡，然后继续去做自己想做的事。

父母为孩子的问题焦虑，想要不焦虑又改不掉，这是因为父母误认为这是“为了孩子好”，因为这是好事，所以想要改也改不掉。想要改掉焦虑，父母就要看到自己的“错误”，那就是要改掉表面上是“为了孩子好”但事实上是“控制孩子、不尊重孩子”的想法，变成“随他去”，就不会焦虑了。

3月2日 当孩子犯错时，我们要让孩子知道，虽然他犯错了，但他本身不等于这个错误，而且他还是那么出色。重点不是在“说的技巧”，而是“真心地认为”。

“关系”是世界上最重要的事。我们每个人都会死，死前没人会后悔工作不够多，钱不够多，名气不够大，唯一会后悔的是，和亲人的“关系”不够好。这也是我们唯一能带走的东西。如果和亲人关系不好，我们会带着悔恨走，如果和亲人关系甜蜜，我们会带着幸福走。

有人说“就是因为亲人太亲密了，所以很痛苦啊”，是的，这是正常的“离别失去”的痛，不是悔恨的痛。前者会自愈的，后者无良药。

3月3日 我们每天睡觉前，如果想反省，那么请好好反省我们是否维护好了与亲人之间的关系？还是破坏了与亲人之间的关系？与亲人保持亲密和谐的关系是最重要的事了，没有任何事比这件事重要。

一男孩大学参加橄榄球队，期间父亲参加他所有比赛，尽管他始终没能上场。大四最后一季比赛，他穿上球衣要上场，教练不理，他不断坚持，教练无奈答应。上场后他像一名超级球星，球队靠他赢了。教练说：“孩子，你太棒了！”他说：“我父亲几天前去世了，他是盲人，今天他才‘看’到我比赛，我想告诉他：我行。”因为他是个既瘦弱又名不见经传的小伙子，教练不会冒险用他，但是他最后的坚强意念动摇了教练，此后他也激发了潜能，他一生曾两度夺得奥运会撑竿跳冠军，他叫 Bob Richard。他说这故事不是为了表达他的遗憾（或许有），而是感谢曾经有一位给他很多爱与支持的父亲。

3月4日

亲爱的父母，请不要跟孩子说："孩子，只要你快乐我就快乐了！"这是最沉重的负担，不要如此残忍。请对孩子说："孩子，你好好过自己的生活，不用担心我，我会过得好好的！"

孩子出问题了：有情绪，成绩下降，不听父母话等，就来做心理咨询。孩子真的"有"问题吗？如果要求父母不可有负面情绪地活着，随时在最佳状态不可掉下，永远要照别人的意思活，相信父母也根本做不到。所以父母不该愤怒，也不该焦虑，应该接受孩子的变化，然后，用正面能量帮助孩子。

皮格马利翁是古希腊塞浦路斯的国王，他心仪某种美女特质，于是雕刻了一个理想中的美女塑像，并且爱上了她，每天把她当成真人对待。他的诚心终于感动了爱神，爱神把雕像变成了真正的美女，从此他们过上了幸福快乐的生活。父母若以正面的信念期望孩子能成为什么，将来孩子就会成为什么。

孩子是透过父母而来到这个世界的客人或朋友，与我们是平等的，我们要尊重他，而不是制约他，我们要激发他的潜能与对生命的热情就好！很多父母都忘了自己曾经是孩子的时候希望父母如何对待自己！请父母把自己曾经希望有怎样的父母写下来，然后看看自己做到了多少？不及格的不要太多哟！

子不教谁之过？父母之过。大家可能以为都是老爸的问题，但是别忘了还有一个母亲，而母亲才是关键角色，因为世界上忙碌的父亲太多了！

3月5日

父母在养育孩子的过程中，他们忘了自己才是问题的根源。孩子越依赖他们，他们就越高兴，虽然表面上父母都希望孩子独立，但那只是表面上说说而已。一个真正独立的孩子会让父母感到受伤，因为孩子不会照他们的期望行动，他们不喜欢独立的孩子，因为独立的孩子不需要他们。

如果我们心智已成熟，但父母的观点并未成长，还把我们当小孩子一样管教，我们要如何与父母沟通呢？首先，要肯定父母的心意，同时表达自己的意见。其次，要甜言蜜语、嬉皮笑脸。最后，要向父母展现正面积极以及乐观坚定的意志。

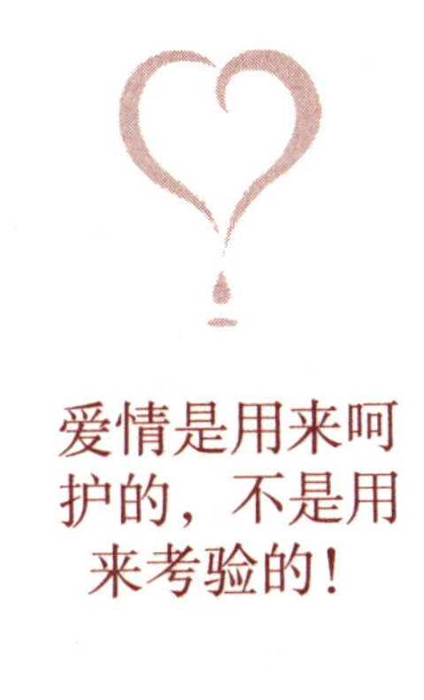

爱情是用来呵护的，不是用来考验的！

3月6日

所有异地恋发生的情感问题，只要不去解决异地的问题都是逃避问题。什么意思？就是你应该把目标放在解决异地的目标上，要么你过去，要么他过来。两个都不动，都不肯为对方牺牲自己，两个人，在两地，不愿在一地，有意义吗？不要说你们“没有不愿在一起”，不要嘴巴说，行动上要证明啊。

为什么有些异地恋的男人，在一起就很热情，不在一起的时候就不主动？因为女人靠想象就可以high半天，而男人是感官的动物，要实际互动才感兴趣。解决的方法：一是对方不主动，自己主动就好，不要责难男人；二是想办法在一起，爱情不是靠神交就可以维持的。

3月7日

男人不主动联系你，代表他对你兴趣不大，或者是他不止对你一个人有兴趣。有本事你要吸引对方想联系你。倒贴，男人是不会拒绝的。

我曾深爱过的女人，我感谢生命中有你，因为你的出现，为我的生命增添了色彩，挖掘出我身上的脓包，让我有机会把它们清理干净，使我学会了责任，学会爱，给了我深刻美好的回忆，谢谢，我爱你，直到永远，就像家人一样。

我很羡慕“阿凡达”里“I see you！”的爱情，这种爱情看到的是一个人真正的内在，而不是对方的外貌、身高、身材、家境、事业、财富、名声、权势等，其实我们有这种爱，但只会发生在亲人身上，所以男女之间一开始根本没有无条件的爱，都是“符合自己要求条件”的爱。

3月8日

多少人是“退而求其次”，自己真正喜欢的对象没有成功，于是就选择喜欢自己的人，这会把心中对真正喜欢的人的爱投射过去，一开始会觉得很幸福，但是投射过后，会发现对方并不是自己真正喜欢的类型，然后问题就发生了。

有的男人找爱人只是为了有免费的性伴侣，极少数人知道（这种人就是爱情骗子），而大多数是不自知的（这种人大多把性当做爱）。

在一起多年以后，还是会宁愿自己冷也要把外套脱给你的男人，绝对是好男人。

谈恋爱时，要多沟通与分享自己的想法。自己的想法与感受要说出来分享，因为可能跟对方不同，甚至完全相反。例如，男友想“我真开心，你给我空间”，但是女方可能认为“我不打扰你是怕你生气，但我不开心”，这样对同一件行为有相反想法的感受，以后会出问题的。

3月9日

两性之间最最最重要的是沟通的方式，不是对错，是在明知对方是错的情形下（因为大部分人都认为自己是对的），如何去表达自己的想法，如何成功地说服对方（如果用情绪或道理压对方，这谁都会，但没用），如何接纳与妥协，才是最重要的。

恋爱谈到一定的阶段，如果一方想结婚，但是另外一方不想，而且没有客观的阻碍因素，那么，这段关系就已经出现问题了。

一味地付出不见得是好事，当一方付出大于一方能回馈的能力时（例如，一方付出所有的时间，而对另一方要求回报同等的时间很难），就会形成压力，可能会破坏关系。如果关系最终结束，通常离开的是接受付出太多的那位。

和谐的夫妻关系，一定是要对彼此有激情的关系，虽然有的人说平淡就好，但是缺乏激情的平淡关系无法永远维持这份平淡，最终必然走向消亡（消亡不等于离婚）。

结婚时当你说出“我愿意”的时候，背后没有那么简单，它需要强大的坚定力量和不断地付出与努力，以及忠贞不渝的爱，但是很多人却是那么轻易地说出口，而后又是那么轻易地做不到。

我们或许不适合或不会在一起，但是这不代表我要放弃爱你的权利。

3月10日 现在的人，想找个喜欢的人并不难（不论对方是否单身），想找个喜欢自己的更不难，难的是要找到双方都是单身而且又两情相悦的。如果你找到了，不要被心中的恐惧打败，要勇敢克服困难，去争取珍惜这千寻难遇的人吧！

男人经不起诱惑，女人经不起寂寞。多少男人，因为女的喜欢他并投怀送抱而很爽，就跟她在一起了，即使她不是自己想娶的对象。又有多少女人，因为男的喜欢她并陪伴善待她而感动，就跟他在一起了，即使他不是她想嫁的对象。

如果你想和爱人在一起，你要对TA的前任持善意的态度，允许TA的心中有前任的位置，这样才能创造和谐的亲密关系。

以前爱人若是每天粘着我，我会觉得没有空间，没有自由，觉得厌烦。现在觉得，这是种深深的爱。所以，当心里有爱的时候，

3月11日 会看到爱，能感受到爱，能享受爱。

女人要满足男人的性爱，男人要满足女人的情爱。

男人缺乏女人的特质，女人缺乏男人的特质，所以男人需要女人，女人需要男人，来平衡自己缺失的部分。当男人能自行发展出女人的特质，或女人能自行发展出男人的特质，这些人通常能维持独身。现在人越来越男不男女不女，所以剩男剩女越来越多了。

许多人进入亲密关系后，就期望对方对待自己是无私的爱，这种期待是有害的，会破坏亲密关系，因为这就像期待太阳从西边出来一样，是不可能的，必然会遭受挫败。

现在的人（其实自古以来都是）是两个爱的乞丐在相爱。

3月12日

什么是恋爱期？就是发情期（沉浸在荷尔蒙里，兴奋得要死）、骗人期（平常不会干的事现在会干了）、弱智期（所有人都看得出来的自己绝对看不出来）。

如果女性朋友担忧向男人表白是自动送上门，那么，你可以不要明确地表白，你可以照样约他出来，如果约了几次会都无法“日久生情”，那相当于表白失败，你就接受，然后你调整回来，这样就神不知鬼不觉。

两性之间没有对错，只有接不接受。如果你接受，即使是缺点也没问题。如果你不接受，即使是优点也是问题。你自己决定！

有问题就想办法解决，不要只是抱怨。想要多点在一起的时间，就解决异地恋的问题，一个到另外一个那里去，如果两个都不愿意，那就代表两个都是自私的人，过得痛苦是活该。

没爱情干吗在一起？没爱情的确要培养感情，分隔两地如何培养感情？但问题又在你们没爱情，所以双方都不肯为爱情牺牲自己。至于谁该让步，就是你们之间的问题，因为谁到谁那里都可以。

普通的朋友不会常常联系，我和前妻也非常好，视为亲人的那种，但是我们也几乎不联系。友情和爱情，我选择呵护爱情。至于你，由你自己决定！

两性相处永远不是对错的问题，因为双方一定都认为自己是对的才会争吵，不用去问人，因为你可以找到人认为你对，他也可以找到人认为他对。两性永远是如何沟通的问题。

3月13日

每个人都想找到幸福，找爱人的目的也是想获得幸福，但是人们都在找像理想的父母一样的爱人，给自己无私的爱，如果爱人没做到，就抱怨是爱人的不对，所以最后能在一起而且很幸福的会有多少呢？

你们平常要多赞赏对方，多感谢对方，感情才会浓厚，而不是认为对方做得好是理所当然。感情淡的人都是不懂感恩的人。

妻子很辛苦地整理家里，照顾孩子，但是老公很忙却没有时间来陪伴自己，有空的时候也不会帮忙照顾孩子及整理家里，结果老公觉得有这样的妻子很幸福，但是妻子觉得有这样的老公不开心，怎么办？谁该改变？我绝对同意老公该改变，如果老公改变了，这就不会有问题了。通常问题出在，老公不愿改变，妻子该怎么办？当然是接受现实，改变自己的心态。有些人会说“那不是便宜了老公”，我说“这是便宜了自己”，这就是活得快乐和活得痛苦的人看事情角度不同的差异，这叫智慧，智慧不讲道理，只管活得快乐。

3月14日

什么是好女人？不要控制男人。什么是好男人？要关心和在乎女人。

婚前有浪漫婚后没有，和婚前没有浪漫婚后有，你要哪一个？

爱情强求不来，要看缘分，没遇到就多找机会认识异性试试。

认真的男人最帅，温柔的女人最美，你认为呢？

婚姻中最重要的一部分就是两个人能共同在一起面对困难，而不是互相给彼此制造困难。

能让自己开心的人，不要错过！但是，还没讲完，即使在一起了，不代表从此就幸福快乐了，幸福和快乐是要经营的。

爱情是两个人的事，幸福是一个人的事（懂的人不多）。

3月15日

如果女友是上班族，情人节要送花的话，你会：①送到公司，给足面子；②下班约会时献上，充满浪漫；③在家过，送花显温馨……标准答案是……问她！

有些男人早晨喜欢赖床，于是，某电视台的节目主持人传授给女人们一句“魔法语言”。只需冲他耳语一句：“我刚刚看了你的手机。”试验结果100个男人中有86人听到这句话之后从熟睡之中惊跳起来……女性朋友们不妨试试。

找对象要找平和的人，要看TA处理负面情绪的态度，而不是看TA是否热情、能否爱得死去活来。

我们看见或接触到一位异性，觉得对方好像不错，于是想要交往看看的时候，我们要稍停下来，问问自己的心，是真的以喜欢为出发点，还是因为寂寞，因为性，因为年纪大了，因为压力？出发点对都不一定有好的结果，何况出发点不对。

男人就像青芒果、绿香蕉，还没成熟时嫌他酸涩、嫌他苦硬而不要他，结果等他结出甜美的果实时，已经是不嫌弃他们的人的老公了。

不知要回答几遍？很多剩女在“找不到男人”之前的问题是——“根本不去找”（剩男也是），只是工作、在家宅、和同性出去，根本没有去创造认识“新”的异性的机会。

男人和女人处理情绪的方式不一样。男人喜欢自己一个人处理情绪，女人喜欢有人和她一起处理。

3月16日 有些人喜欢用脑子谈恋爱，在一起时脑子拼命找一些活动做免得无聊，聊天时找一些话题聊免得尴尬，但是两个人的心未必在一起，所以未曾有甜蜜的感觉。

法律上配偶的身份属不属于你是靠结婚证书，心理上配偶的人属不属于你靠的是爱。

选择伴侣最好的检视方法之一，就是去看TA的微博，对两性问题或者一些普通问题的看法与反应，如果讲得很好，不见得实际就很好，但如果有过激的言行甚至微暴力，最好不要碰。

人永远是感性的动物，要能处理好人与人之间的关系，就必须要涉入感性的一面。但是理性的男人要学会感性，比感性的女人要学会理性要难得多。所以学会理性的感性女性更容易得到异性与同性同事的青睐，因为女人比男人更懂女人，比男人更吸引男人。

3月17日 没有事情是偶然的，彼此会遇上是注定的（不是上辈子的因缘，就是这辈子潜意识的吸引），但是能否修成正果，那就是靠彼此的修行了。一切都是最好的安排！

刚相识相恋的情侣，容易掉入所谓的“晕轮效应”中，这是看事情的角度带着认知的偏差，虽然在热恋中的情侣大多偏向正面的偏差，但热恋期一过，晕轮效应褪去，恢复原来的认知水平，这水平的差距跟往后的抱怨与争执就成了正比。

男女是否适合10要素：①像朋友一样。②可以坦白任何事情而没有压力。③共同的理念和价值观。④双方都认为婚姻是一辈子的事。⑤发生冲突的时候可以一起解决。⑥相处可以彼此逗趣。⑦接纳对方的优点和缺点。⑧相互支持与肯定。⑨有时浪漫，绝大多数时候感到自在。⑩在许多不同的层面上很相配。

3月18日

情侣之间常不自觉地限制对方的行动，或试图改变对方的不良习惯，被限制或改造的另一半，大多不敢反抗，因为对方的行动是出于关心与爱意，反抗显得不知好歹；另一方面也因需要这段感情，于是“忘了”、“下次一定”一次又一次地出现……

年少时，机会是超市里的苹果，多得让你可以换过一个又一个；到了一定的年纪，它就变成陈列在精美橱窗里的进口苹果，数量有限，如果你不珍惜手上的那一个，那么到最后，可能连一个都抢不到了。

我经常看到财富课上男人多，这无所谓，挣钱一人挣得多即可！两性情感课上女人多、男人少，不上的人更多，其实感情要两个人一起用功才行得通！

甜蜜的爱情在于容错能力，而不在于爱人的能力！

找个对的人一点都不难，只要心中不存批判，但是做到这点很难。

我会表白，如果对方拒绝，我还是能心平气和地和对方做朋友，也不会让对方逃避我，我有这样的本事，你呢？

喜欢是很正常的感觉，要么实现，要么放下，这两者都是要努力的，而不是希望它像魔术般发生，自己什么都不用做。

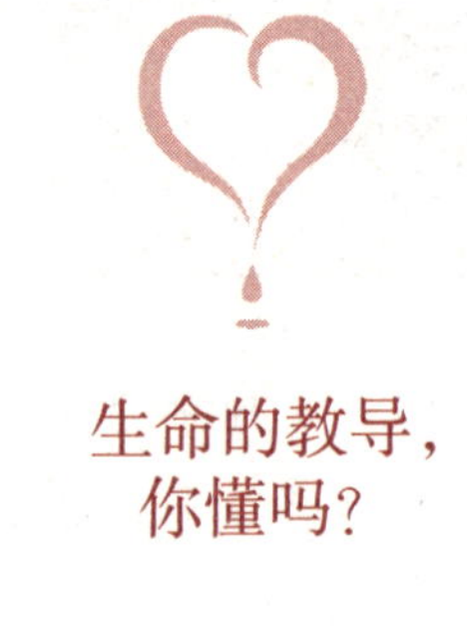

生命的教导，你懂吗？

3月19日

当你不怕死，当你不留恋，任何时刻能说离开人世就离开人世的时候，你就是宇宙了。

灵魂本来过得好好的，为什么要到地球上受苦？而且设计了这么复杂的障碍，以至于开悟得道的人凤毛麟角？原来这就像打电玩一样，太容易过关就不好玩了。对投身人类的我们，或许这些遭遇实在太痛苦了，但是对投身前的万有的灵魂而言，这些只是“很刺激”。

或许这是我喝的最后一杯咖啡，或许这是我读的最后一本书，或许这是我过的最后一天。当你时刻生起这种警觉时，才能真正去享受和爱。

3月20日

“如果今天是生命的最后一天，你会怎么过？”不论答案如何，它是无法应用在日常生活中的，因为实际生活中这不是最后一天，不可以不顾一切地照自己的想法过这一天。所以我们要换个思路，将时间稍微拉长一些：如果生命还剩下1年（或者长一点3—5年），你会如何过？跟现在的过法有什么不同？

很多人过得不快乐，是因为娶/嫁错对象，造成在潜意识里，TA已经放弃自己的生命了！

无需走太远，很多人早已迷失，不知道忙忙碌碌的是为了什么，请为自己而活吧！

命运不是掌握在别人的嘴里，而是拿捏在自己的手里。所以，流言蜚语、别人的胡言乱语、荒谬臆测又算什么？通通把它当耳边风吧。

人虽然不能带走任何东西，但是可以留下的东西就很多了，不论是物质上还是精神上的！

人生，你还没说开始，它就从你出生开始了；爱情，你还没准备好，它就不打一声招呼发生了；挫折，你根本不想要，它还是追着你硬塞给你；不要期望所有的事情都按自己预期的发生，要知道，生命的本质就是变化与不确定，要去除对未知的恐惧，要勇敢经历每一项挫败，要感激每一样拥有的事物，活着真好！

很多人觉得自杀的人既然有自杀的勇气，为什么没有杀别人或者豁出去的勇气？一是惯性思维，思维只有一条路，看不见希望，跳不出来（我们对某些事何尝不是因此而感到痛苦）；二是道德良心问题，别人干坏事不代表自己能干坏事。当然这两点归根究底还是因为抗挫折能力低！

3月21日

不管你相不相信命，有一部分的命的确是注定的，一部分的命是偶然的，剩下的命是自己创造的！注定的命我接受，偶然的命我学习，创造的命我珍惜！

所有疾病都来自压力，因为当有压力时，细胞会处于戒备的“战斗或逃跑”状态，会减少甚至停止原来的功能，例如：吸收营养、化解毒素、制造酵素等，因为所有的能量都花在准备上面，体内的毒素增加了，或者免疫力降低了，无法抵抗外来的病毒，身体就生病了。

当有一天我们离开肉体在灵魂世界相遇时，我们会非常感谢我们在世时对方所扮演的角色，并且感受到对彼此深深的爱。

想要找到人生的意义或者使命，先要清除内心的垃圾，清除干净之后，你就会知道你自己是谁，你该做什么事，你会怎么活。

3月22日

我们需要的不是得到，在我们是孩子的时候我们已经拥有一切，我们需要的是停止失去与呼唤回来。例如，小孩子听到要去旅游时的那种雀跃，我们已经失去了好久，我们现在要做的是把它唤回来。

问："生不带来，死不带去"，请问死的时候真的什么都带不走吗？能带走的是什么？

答：钱财、名利、爱人等，死了真的都带不走，能带走的是情绪、情感、心境。但是很多人都在追逐前者，却忘了滋养后者。

生命并非只是任它老去，生命是一场不断发现的旅程。

什么叫活在当下？过去发生的事，就当做没发生过。未来的事，根本就还没发生。

3月23日

如果我们知道已经拥有一切，有爱、勇气等，钱权根本不在乎，我们就是所向无敌的，我说的所向无敌是指，没有任何事情能使自己难过。

假设你现在已经拥有一切（爱情、财富、喜欢的职业），你从早上起床到睡觉，你会如何活着？你的心情如何？你的表情如何？遇到挫折你将会如何面对？对于人生你的看法如何？你全身散发怎样的能量？……如果你现在就以这样的心情与姿态活着，你就会得到一切。

微笑是最具有魅力的，每个人都该常常微笑！

天下没有白吃的午餐，天上也不会掉（管它是不是）馅饼，总之，不会掉下你要的东西。

以好像得到一切的心情活着，就会得到一切。

真正的幸福生活不是从开悟开始，而是从享受当下开始。

在生命中遇到的问题，不是偶然发生的。这是上天，或者我们自己的高我，为我们自己量身定做的，目的是为了让我们看见真正的自己，为了让我们内心的爱出来。

奢望来生的人，很简单，就是没有把今生过好。

3月24日

人生就像温水煮青蛙，一开始不觉得有问题，等到发现问题时，已经跳不动了。

万物皆是能量，而能量不可能不动，必须是振动的，是振动的就必然有上有下。所以人有高低的时候，关系有好坏的时候，这都是正常的。

每次遇到逆境，就是给自己一次重生的机会。

对生命越没有激情的人，就越想寻求刺激满足自己。

我们要成为海洋，不管大风大浪还是暴风雨，过后都还是原来的样子。

有了安稳的工作，很少人敢换有挑战的工作。天下没有白吃的

3月25日

午餐，你想要获得，就不要怕改变与挑战，不要怕遇到挫折与苦难。

人要不顾一切、勇往直前地活，就像看到自己的孩子掉进水池，会不顾一切地去救一样，不会眼睁睁看着他溺毙，但是很多人却眼睁睁地看着自己完蛋。

嘴巴常挂什么话，就有什么样的人生。你说什么宇宙就给你什么。

人生有缺憾，才知道珍惜所拥有的。但很多人却盯着缺憾，看不见自己所拥有的一切。

生命很短，不要浪费精力在过去的伤痛，不要浪费能量在愤恨某个人身上，不要浪费时间在改变别人上面，要把这些时间、能量和精力，用来创造自己想要的生活。

3月26日

有人说，不要相信别人说的，要相信亲眼见到的。我说，连亲眼所见的都不要相信，因为通常解读是假的。

不要羡慕别人“好命”，每个人的命都很好，只要你不在乎其他人说了什么，做了什么。什么？做不到？好吧，这样的你的确让你的命变得好苦。

当一个人的心态还是小孩的时候，很容易交往多次恋情，很难稳定下来，只有成为大人时，才会走向稳定的感情（这里的稳定是指两人愿意长久在一起或结婚，但不保证幸福）。

站在灵魂的层面，对方所做的一切恶劣的事，所说的一切刻薄的语言，都是出于灵魂的爱，为的是唤醒你内在的神性。

我们出生在这世上不是为了任何人而活，而是为了自己而活，所以我们如果不做什么，没有对不起任何人，我们唯一会对不起的是自己，如果不让自己活得快乐的话。

对永恒的灵魂而言，所谓的“伤害”是微不足道的，因为没有什么东西能真正伤害到灵魂。

每一次的挫折苦难，都是给我们一次机会，选择站出来发挥强大的力量，还是退缩沉浸在受害的情绪里。如果退缩，同样的事就会不断发生，直到我们选择站出来为止。

3月27日

人最大的恐惧是绝望，因为绝望，所以可以连命都不要，但是，绝望是假的东西，我们怎么可以为了假的东西连命都不要了呢？

会老的是容颜，不会老的是灵魂，灵魂越坚强就越发动人，如果你容颜老去而显得老态龙钟，那一定不是因为肉体衰老，而是因为你的灵魂已经凋零。

所有人，从小到大，有太多机会可以成长，从小到大，每一次的挫折与苦难，都是磨炼自己、呼唤内在的爱出来、让自己成为发光发热的人的机会。

人生最珍贵的，不是物质的满足，而是有谁在身边相伴。

3月28日

不要抗拒疾病。当病人接受疾病，也就是认命的时候，对“病”才会有善、爱的能量，而不是怀着厌恶或恐惧的能量，这样奇迹才会发生。

很多人认为健康很重要，所以一旦身体发生问题，就想尽办法修正。但是有时生病是为了排毒，不应把病当敌人杀死；有时生病是心理有问题的警讯，要好好探究自己心理哪里有问题，而不是只管把病治好就没事了。

我们要做的，是去感受生命，感受生命本身，用生命感受世界，而不是用脑子感受世界。用心去感受他人的生命，而不是用脑子感受他人的个性和行为。

世界上最美好的事情是成长，不成长的人基本上只是混日子等死而已。

人活着就是为了看见自己，接纳自己，绽放自己。

3月29日

我们来到这世上，不是为了得到某个人的爱，如果得到某个人的爱就满足了，这样太小看自己了，因为我们自己就是爱，带着很多的爱来到这世上，我们要让自己的爱出来，无穷无尽地出来。

送你我经常对自己说的话：这一切终将成为过去，一切都是最好的安排！

能给出的爱是伟大的，不断向人要爱是自私的。

没有什么事是难的，人都是被逼出来的，现在人都过得太幸福了，逼不出来。所谓过得幸福，不是指物质上的，而是指心理上的，人遇到挫折，大多可以选择逃避，但是逃避还是会带来痛苦。如果在为了家人必须坚强的一些没得选择的被逼面对的环境中，这个人就成长了，强大了。

时间不会疗愈所有事情，只有成长会疗愈事情，或者，把事情压到潜意识里，表面上过去了，但实际上却潜移默化地影响自己的情绪及行为。

每个人都有本能、欲望以及情绪，都是自己的一部分，要接受它，而不是排斥它，讨厌它，还骂它是邪恶的力量。要追求完美，要接受自己好与不好的部分，一个人才会完整，不接受难怪你要分裂了。

你相信这句话吗？“伤你最深的人，一定是你最爱的人。”

你现在所遇到的挫折，是偶然的么？

3月30日

人最难认识的，是自己。

一个人对现实多不满，就代表对自己多不满。

人一定会遇到注定要遇到的人，但有的人是来教你功课的，他也是“对的人”。

把人当动物，你就觉得人的行为很正常了。

人们一开始为了生存或任何原因戴着面具过日子，但是等他某一天想要摘下面具过生活的时候，才发现面具居然已经摘不下来了，或者摘下来会遇到很大的冲突，于是又戴回去。

每个人的灵魂都是完美的，所以不要去追求完美，因为自身已经是完美的了。

3月31日

疾病是潜意识告诉我们，我们的生活出了问题，所以我们除了该找医生治疗疾病以外，还要好好想想疾病到底想告诉我们什么？自己到底出了什么问题？

我有个很灵的魔咒——每当有人害我，接下来就会有超好运势，挡也挡不住耶！所以，感谢那些给你伤害的人，他们是发功把人生好运全部传给你呐！！极准的哦！

你该学习的是割舍能力。舍得舍得，没有舍，哪有得？！

我们本性是清净的，而沾上了灰尘却让我们误以为我们是脏的。

外表可以靠打扮，内在是无法打扮出来的。

4月1日

要残疾者相信他们可以成为海伦·凯勒（从小又盲又聋，考入大学，精通五国语言，成立基金会，写作，演讲，对盲人福利和教育事业做出杰出贡献）或尼克·胡哲（出生无四肢，会钓鱼，打鼓，打板球，打高尔夫，游泳，冲浪，有2个大学学位，演讲，娶妻），和要正常人相信他们可以成为乔布斯，哪个较难？

许多聪明及有创意的人，在学校成绩不见得优异，直到他们脱离学校教育，才逐渐“恢复正常”。

人无法重新出生，但是可以重生。

如果我还剩下1年寿命，我首先想完成的三件事情：①飞到父母身边多陪伴他们；②去我想去的地方旅行；③做一件我想做而一直没敢做的事。

对已逝去的人，我们要流下的是感动、感谢的泪水，而不是痛苦、悔恨的泪水！因为我们流怎样的泪水对去世的人是毫无意义的，对去世的人有意义的是他们自己流着什么样的泪水，同样的，对我们有意义的是我们流着怎样的泪水。

越是看似山穷水尽的时候，越要坚持下去，因为柳暗花明又一村就快到了！在我们最需要动力和信心的时候，我们最需要支持自己，只有自己才会奉陪到底不离不弃，我们一定要相信会渡过难关，未来一定会更好！

有些人觉得不知道活着干什么？其实根本不用知道为什么而活，只要不敢去死，那就活着呗！

4月2日

北京到了。刚才在飞机上看到一个节目说太阳50亿年后会变成红巨星，然后不断膨胀，甚至吞噬地球，然后又缩小变成白矮星，周遭一切变成冰冻的世界。总之，地球必然灭亡，那么，人类是否已经移居其他星球？ 还是进化成外星人了？如果地球只剩50年寿命，你会如何活？……你现在为什么不这样活？

有人问我："你内心强大吗？"我说："是的。"后来我想了想，若用灵修的标准，还不够强大，我还无法做到像佛或神经病一样地完全不顾任何一个人的想法。

怎样把梦想变为现实？首先要有强烈的渴望，光是想要是不够的。其次是要肯吃苦付代价，何谓愿意付代价？就是不知道会不会有薪水都愿意去工作。最后，就是去行动，不要怕失败，失败是快速提升自我的机会。

4月3日

不要装坚强，即使很坚强，也不要将别人的好意拒之于外（例如生病了对方想探视，经济有困难对方可以资助等），因为拒绝别人等于拒绝接受别人正面的能量，这样等于把帮助自己消融负面能量的机会给拒绝了，我们要适时接受别人的好意，让人之间的能量流动起来，有助于消除自己的负面能量。

当你努力工作没有获得相应的报酬，没有得到上级的赏识时，你还是要做下去，因为那是你的成功之路，你是为自己做，你是为提升自己的能力而做，你是为你的未来而做，不要为了得不到钱或赞赏而放弃成长的脚步。

人的心情有起伏是正常的，就像潮水会涨潮退潮一样，我们遇到心情低落时，要视为正常，接受它，不要讨厌它，千万不要。

4月4日

家人之间的关系是否亲密和谐最重要，其他真的不用计较，相信我，等到人死的时候就会知道了。

只有自己先成为太阳，才能够去照亮星球。不要想去把别人改造得越来越好，只要管自己活得开心，而想要让自己活得越来越开心，就不要去要求别人让自己快乐。

可以不顾周遭人看TA的眼光而做出一些不被大众认同举动（包括说的话）的人，其实是活在当下的人，而我们会对这样的人投以异样的眼光，但是我们却又推崇“活在当下”这四个字，难怪我们做不到，我们怎么可能会去做一个自己不喜欢的人呢？只要我们心中有对错，就不可能“活在当下”。

这世界上，唯一我们需要搞好的关系、也是唯一真正存在的关系，就是自己与自己的关系，这个关系搞好了，就幸福了。

我们来到这世上，我们没资格控制任何人，也无法控制任何人，我们唯一能控制的也该控制的是我们自己。

我们要坚决为自己活，我们的生命与人生是自己的，不为自己活该为谁活呢？我们无需为任何人活，因为他们该为自己活，也不会为你活，我们又干吗为他们活？

让自己快乐地做事、喜欢自己做的事，比努力做事、把事情做好更重要。

4月5日

我们害怕这个，担心那个，但是还有什么比死亡还可怕？还记得泰坦尼克号里面抱在一起接受死亡的Jack和Rose吗？当我们接受了，心就平静了。所以，除了生死，不要担心害怕任何事情，因为不论发生什么我们都还是活着（这不是世界上最快乐的一件事吗？），那你还怕什么？

对成功没有渴望，就不会成功。虽然很多人“脑子”想要成功，但是内心一点动力都没有，即使有优秀的能力，还是不会成功的。

失败者失败的原因，潜意识装着“不敢要”和“做不到”。

走自己的路不用改变别人，唯一要改变的是自己。

我们要相信现在是美好的，而不是未来，因为每一个现在都是前一秒的未来，时间是幻觉。

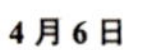

4月6日

成功就是不去怀疑自己勇往直前的勇气。

不要讨厌自己（缺点或阴暗面），不要觉得自己不够好（看你跟谁比），不要内疚（就像自己的孩子犯什么错都可以原谅）。

在事业上或人格上有成就者，都是自我主义者，试想，一个人如果没有让自己生活上过得好或心理上过得开心，TA又怎么有能力帮助别人，只有能先把自己过得好或活得开心的成就自己的人，才能引导帮助他人，服务公司和社会，奉献国家和人类。

我是谁？从小开始，我们就在让别人决定“我是谁”。我们不希望、不敢让别人否定、讨厌我们，我们为了获得父母的认可、别人的认可、社会的认可，不断地去满足他们的期望，却忘了自己，到最后当然不知道自己是谁了。

4月7日

要坚信：在每一项阻碍的后面，都有一个很大的礼物；要坚持：用爱去处理事情，就会带来好的结果。

对外面的人可以掩饰自己的情绪，但是对自己而言，不可以假装没情绪，一定要找办法宣泄掉。

成长就是内在的成功，无关乎外在的成功与失败。如果把成长当做成功的指标，我们会很容易满足，只要我们从中去学习。如果我们失败了，我们还是爱自己，那是更大的成功。

我们唯一的问题，就是不知道我们没有问题。

生活和爱是一样的事情，想要活在爱里，就活在生活里。能快乐地面对生活，那就是爱了。

生命的意义、人生的目的是什么？答案是“成长”，这可以解释一切了！

尊重和善的人，爱和善的人，白痴都会，做到没什么好拿出来讲的。我们要尊重、爱我们讨厌的人，这才是真正有资格说自己是懂得尊重、懂得爱的人。

永远不要去指责别人，那会让自己不开心，永远只做自己开心的事。

4月8日

"人的生命是有限的，所以不要为了别人而活。你们应该过自己选择的生活！"这是史蒂夫·乔布斯经常对年轻人说的一句话。

有些人认为会催眠很厉害，会读心术很厉害，会经营管理很厉害，会理财致富很厉害等，甚至投以羡慕赞赏的眼光。不需要！我们要学会的不是有多强的能力，而是多能去面对挫折与挑战（被欺骗、被背叛、被否定、被欺负等）。能处理好这些问题快乐过生活的人，才是真正厉害的人。

每个人都在往外求，追逐财富、名权，追逐别人的眼光，如果追到了，就舒服，如果追不到，就觉得痛苦，无法享受已经拥有的事物。

4月9日

要把做人或内心的强大视为最高价值，只要自己好好做人或让内心强大就不会自卑。但是如果把一些外在的事物如外表、钱、权作为做人的价值，那么就容易感到自卑，因为这些东西短时间甚至长时间都不见得赶得上别人。把一些不该当作做人的价值拿来当作做人的价值，结果因为不及别人而自卑，真是自找的。

有些年轻人因为自己做不好而自卑，这也是因为自卑所以不接受自己做不好。事实上，要接受自己是个年轻人，经验不足做不好是正常的，所以我不自卑，但不代表我不努力改进，相反地，因为我虚心受教且努力奋斗，所以我觉得有自信。

平常要多储存正面的能量，平常不见得会看到惊人的效用，但是在需要的时候，这些正面的能量就能起到一个支持的作用，甚至会在真心渴望一件事的时候，心想事成。

4月10日

当我们听到别人说的话时，当我们在学习时，要好好想想话的内容，脑子里不要急着反驳，不要“可是”来“但是”去的，直接想的是“好，我会去做”，先去做再说，做不到再检讨。可是很多人却觉得都是大道理，做不到，结果根本没尝试去做，久而久之就变成“这些道理我都知道，但是做不到”的一个人。

当你感觉生活乏味时，不妨替自己定个目标，无论是爬山、游泳、画画、品茗……只要生活有重心，每天都会是充实的一天，并且用踏实的脚步，活出充满自信的人生。

也许你曾听说有些聪明的人很懒惰，但是，你绝不会听说成功的人很懒惰；行动的决心有时比等待的耐心更有用，聪明的你，还坐在那里等什么呢？

一分钟看似不算什么，但很多个一分钟加起来，就决定了你的成功与失败。

你的每一分努力，就像放进银行里的定期存款，平时没有感觉，直到某一天，你才会惊讶自己原来累积了这么多实力。

成功的道理很简单，专心致志而已，但是实践起来却非常困难，因为沿途有太多诱惑，而且都穿着魅力的糖衣向你招手，一不小心，你便会忘了自己的目的地，沉溺在一时的享乐之中。

4月11日

“在哪里跌倒，就在哪里爬起来”，要看这句话是用在哪里。这句话不一定适用在工作上面，但是一定适用在心理的层面，遇到什么挫折（在哪里跌倒），例如失恋、爱人外遇、被人背叛、被人陷害、受委屈、受责难、被操控、遇到倒霉事，等等，想要从中跳出来，就必须面对与调整心态（就在哪里爬起来）。

按照别人（社会认可）的想法生活是在过一种模仿的生活，那是没有生命力的活法。表面上你活的是一套，内心深处又是另一套。唯有发自内心深处的才有意义，而很多人都无法发自内心深处地过活，所以很多人感受不到生命的意义在哪里！我感觉自己也是如此，尚未完全活出自己，大家一起努力迈进！

人需要的不是努力，而是放松自己，放下执着，智慧才会出来，当人努力用脑的时候，智慧就被阻碍了。当你决定放弃改变别人，当你决定放弃让别人改变自己，你就放松了，不再有痛。

4月12日

回顾一下自己的人生，你会发现，真正让你成长的，不是无谓的平淡，也不是快乐的成功，而是艰辛的挫折！

天下没有白吃的午餐，很多人都想成功、快乐，但是为了达到成功与快乐的苦却不愿意吃，于是始终得不到成功与快乐。而在这过程中愿意吃苦不埋怨的人，最终才能享有成功与快乐！

吸引力法则的重点是：宇宙会给你所相信的，而不是你所希望的！例如：你希望得到专一的男人，但是你相信男人都不专一，结果你会吸引到的是不专一的男人。因为你有意识的“希望”，大概只会占你一天的几分钟时间，而剩下23小时多的无意识的“相信”，对宇宙而言才是你想要的。

4月13日

我们总是过度地依赖“明天”，而轻易地将“今天”遗忘掉。其实，“今天”才是将每件事付诸行动的日子。你说呢？

人们总是嘲弄别人的缺点，殊不知他人的短处有时也正是自己的真实写照。

不要牺牲自己，可以奉献自己。这个度得看每个人的承受能力！

不要管自己在别人心中重不重要，只要管自己心中有哪些重要的人就好！例如，我不会管自己在父母的心中重不重要，但是我知道父母在我心中很重要就好！

村里的驴遇上从远方回来的马，驴听到马讲述它精彩的经历，投以羡慕的眼光，赞叹不已，马对驴说：“其实我每天走的步伐和你一样多，只不过你是在原地走，我是不断往前走！”所以在羡慕别人之前，想想自己在原地走了多久。

对你而言，什么是幸福？回答得越多、标准越高的，……知道你为什么还没觉得幸福了吧！

当你病的时候，找医生来，但更重要的是，找爱你的人来，因为没有任何药物比爱来得更重要！

世界上所有的物质都是由能量组成的，而能量是一股波动，既然是波动就会有起起浮浮，在能量低的时候，我们不要担心，要保持镇定，安心等待，就像黑夜来临，过后又是白天！

4月14日

真正的自信与自我价值感，不是别人如何看待我们，而是我们怎么看待自己。我们会成为我们如何看待自己的那个人，想要改变，就从改变看待自己的眼光和态度开始，生命就会全盘跟着变了。

自己的心变化了，虽然世界没有变化，但是自己感受到的世界一定会产生变化！

我向上天祈祷，让每个人包括我自己，学会宽恕，学会爱。

感谢宇宙，向宇宙祈祷想要的事物，相信宇宙，完全相信，不带一丝怀疑，剩下的就交给宇宙（把宇宙换成神就是宗教）。

说使命太严肃，我们来到这世上不是为了完成什么使命，而是发挥自己的天赋。

4月15日

我们要相信自己，相信宇宙，而且是坚定地相信，而不是相信某人说的话，或算命的人说的话。

我们要学会感恩，能感谢他人、感谢世界的人，就容易感到快乐。我说的感谢，不是被人问到才回答，而是平常没人问我们的时候，我们都能感受到感谢之情。

心中充盈着爱的时候会发生两种可能：一是觉得爱世间的万物，看每个人都看不见他们的缺点，只看到他们的闪光点，觉得世间很美好；第二种是看到自己做错的地方，看见别人受到的伤害，并且能感受到对方的痛，这时候只会泪流不止，不断道歉。有人说这叫内疚，事实上这是最有爱的时候。

4月16日

如果你曾经施舍给乞丐钱，你是否握住他的手，把钱放在他手里，并且看着他的眼睛，对他微笑，用眼睛传递爱？这就是爱，爱是生活点滴，不是只在修行、修禅、读书、上课、冥想、捐钱等当中。

当你觉得你是富足的时候，宇宙比你还高兴。因为它快急死了如果你不相信、你不觉得你是富足的，它无法给你富足。

真正的爱是尊重生命，尊重宇宙给每个人的功课。你要做慈善，可以。别人不做慈善，也可以。

帮助可怜的人是小善，帮助恶人成为善人才是大善。小善使世界温暖，大善才能改变世界。

永远与人为善，尤其是与那些无理的、脾气坏的、对我们不好的人为善。与讲理的、脾气好的、对我们好的人为善，白痴都做得到。

要常感恩。人常感受不到幸福，那是因为我们都把焦点放在匮乏的事物上，这样只会吸引匮乏。要把焦点放在自己拥有的事物上，并且真心感谢，就会快乐。

我们最害怕的是什么？没有人爱。但事实上，爱到处可见，但是我们不会去感受这些爱，因为我们只会去感受我们想要得到爱的人的爱，其他的爱都不去感受它。这就是为什么当一个人失恋或处于单身感到孤独时，即使身边所有的人包括父母和孩子都爱TA，TA还是感受不到爱，还是不开心。

4月17日

我是基督徒，但不是基督教徒。我只信基督，不信基督教。我也是佛徒，不是佛教徒。我只信佛，不信佛教。佛和基督都是成道之人，我只信成道之人，不信六根不净不懂爱之人。

当我们心中充满爱时，会发生的事情是：看出去的世界都是爱，比方说本来很讨厌甚至很恨一个人，但是在充满爱的状况下，只会看到这个人有爱的部分，并且深受感动，就算看到这个人没爱的部分、可恶的部分也毫无感觉。这就是充满爱的状态。

“为什么上天那么不公平，要让我遇到这种事？”上天让我们遇到挫折的目的只有一个，就是激发我们内心的爱的力量出来。

我好感谢现在出现在身边的人，我好感谢过去曾出现在我身边的人，我好感谢不认识的人，我好爱人们，我好爱我自己，我好爱这世界，我觉得世界好美好。

4月18日

即使最后我们无法在一起，我依然会感激生命中曾经有你，谢谢曾爱过我及我爱过的人。

如果你想要福报，请热心助人，尤其是帮助自己讨厌的人改变与成长，这是最大的福报，而不是批判、痛恨自己讨厌的人。

我坐在飞机里看着窗外，觉得飞机真是神奇的产物，居然可以飞上天空；汽车真是神奇的产物，居然可以移动；建筑真是神奇的产物，居然可以屹立不倒；世界很神奇，我们活在神奇的世界，但是人们却浑然不觉。

我们来到这世上，是为了感受这世界的美好，不是来批判，不是来挑剔的，是为了感受美好的。如果自己失败，或得不到自己要的，请把一切视为正常，不用去管它，继续把心思与精力放在创造的行动上，一有好结果，就去感受结果的美好，如此生活，就能感受到生命的美好。

4月19日

你要去爱大家，希望大家过得好，为他人高兴，你就会有善报，善报就是不会受伤，过得快乐。

我相信万教是合一的，宗教是因环境文化与创始人自身经验而产生的不同产物，都是来自于同一个宇宙根源。每个人都有灵性，而我们最终的目的就是要看见这自我的灵性（存在），当做到这一点时，没有任何东西是有分别的。

宇宙很美，有那么多的星系。看看其他的星球，地球太美了，但是人类没发现这点，居然还不断破坏，真是自掘坟墓。

笑不只是笑，笑是一种能量，而这股能量是会感染到人的！

我相信每个人都有无限的潜能与强大的力量，但问题是，为什么有人能开发出来，而有人始终连接不到？

有些快死之人，一改作风，突然变得和善起来。而有些人面对快死之人，也突然尽释前嫌，涌出更多的爱。但是这些平常都不会发生，一定要等到生死关头才会转变。问题是，既然能转变，为什么要等到生死关头？

宇宙对我说，别人要做什么是别人的事，不要去改变别人。名誉、财富、面子都乃身外之物，不要抓住不放，不要因为失去这些而恐惧，因为真正的自己是完美的，重点是我要自己知道看到，而不是要别人知道看到。

4月20日

当我决定不再向任何人（包括上天）索取的时候，我发现，我拥有了全世界。

“实践”就是“智慧”。

没有仁慈的人，都是有压抑的创伤。

如果你没有做到无可取代，你就随时可以被取代。

所谓精诚所至、金石为开，这里精诚是指正面平和的态度，是真心的，不是装的，不是忍的。

如果我们花精力抱怨，我们就是在削减自己的心理力量。

我们是否爱自己，父母是否爱我们，爱人是否爱我们，孩子是否爱我们，你们觉得，哪个最重要？

4月21日

人与人最大的不同在于脑袋里装的是什么！

内心强大的人也可以温柔！

你多讨厌人，你多不喜欢周遭的环境或社会，总之你多看不顺外在的世界，就代表你多不喜欢自己。

接二连三的失落，不过是一次又一次的人生功课，只要我们还有东西可以失去，前面就有更多的路在等着我们，直到最后所有的东西都失去了，我们才开始拥有一切。

“我希望我能怎样怎样……”“我希望我会怎样怎样……”“我希望……”单单希望是没有用的。

4月22日

学太多，懂太多，反而做太少。

唤起心中强大的力量，无惧任何的恐惧，像勇者一样勇往直前，不达目的誓不罢休，每一次的挫折就是在训练我们成为这样的人。

时间和金钱，花在哪里就成就哪里，花在事业上，事业就提升，或许事业不见得会提升。但是没有花在爱情上面，爱情就一定会枯萎。

幸福从放弃开始，意思是，当你放弃改变对方的时候，幸福就开始了。

解决问题的三步骤：不抱怨，学习新方法（看书、咨询他人），努力去做。

什么是成长？最简单的检视，就是看看自己面对相同问题时处理的态度与方法有没有改变？我们会发现，我们面对问题（例如，跟爱人争吵，感到工作压力大）的态度与解决方式，再次遇到时根本没变，甚至几十年都没变过，然后我们却不知道为什么自己过得不幸福？

我们做错事，有时不是说承认及道歉就有用的。就像今天你不能跟法官说“我承认我抢劫不对”或者“我错了，请原谅我”，然后就没事了，接下来要坐牢的，不管你要不要。所以，有时我们必须接受我们犯错所要付出的代价，这才是真忏悔，而不是因为道歉了就非要对方原谅不可。

4月23日

人至少有三种性格：一是工作性格，就是在职场上的样子；二是正常性格，就是大家口中经常说的私底下的自己；三是亲密性格，就是与亲密的人相处才会呈现的自己。哪个才是真正的自己？加起来就是！

每个人的“此时此刻”都是好的，除非你现在正在肚子痛或被人骂，否则大部分的“此时此刻”都是好的。但是为什么人还是感受不到幸福？因为“没有活在此时此刻”。

当一个人无欲无求时，他就无惧，自然就变成最刚强的人。

如果我们放空交给宇宙，宇宙就会引领我们往正确的方向前进，但是正确的方向不见得是我们愿意接受的方向，什么意思？例如，我们想要懂得爱，但是如果上天给我们一个完全顺从我们的爱人，我们是不可能懂得爱的，所以上天为了满足我们懂得爱的愿望，于是安排一些考验，可惜很多人一考验就怨天尤人了。

4月24日

我们要多谈好的事物，越谈论好的事物，能量就越高。能量越高，就越能吸引好的人，发生好的事情。

不比较，要看事物的本质，例如，包就是装东西的，车就是交通工具，手机就是讲电话的，可以因为它品质好、功能好而高兴，而不是因为它是名牌。先做到这样的人，才有可能欣赏平凡的美。

凡是执着的，必要放开它。

做人要纯粹，纯粹给人强大的力量。纯粹地去做一件事，就会成功。纯粹地去爱一个人，就会幸福。

人生三大事——工作、梦想与成功

4月25日

许多毕业生对未来迷茫，为什么？因为注重成绩不注重兴趣的教育，结果就会变成这样。解决办法就是先找个工作做起来，从工作的经验中，会发现自己不要什么，想要什么，到时候再换。如果要先想到做什么工作是最适合自己的，再去找工作，那么，想破头都没用。

人要改变的是人生模式，有些人遇到问题的模式总是“我很担心害怕”，而成功者的模式总是“我会想办法解决”。

4月26日

很多人会说："我只想过简单的生活！"这句话是大大的谎言，不但骗了别人，也在骗自己。这句话背后的意思是"我不要我不要的，我只要我要的就好！"或者是"只要大家很简单地照我的想法过活就好了"，这种简单不简单。什么是简单？看看和尚的生活，那真叫一个简单，有人想过吗？

唱歌、跳舞、看电影、逛街、做爱，这些是欲望，做完会快乐，但不会让人生幸福，而实现梦想会让人感到长久的喜悦，比如成就一番事业，帮助他人，做自己喜欢的事（区别一下，去KTV唱歌是欲望，成为歌手是梦想）。这两者应该很好区别，并不难！难在即使知道自己的梦想，却很难去实现它！

每个人都有自己的旅游梦想，但是有多少人会去实现它？朋友们，拿出意志来，人生只活一次，再忙也要抽出时间做一些自己想做的事，我保证，在你死前，你不会后悔工作时间太少！

4月27日

人生最大的投资是选择伴侣！也是最大的风险投资！

你努力了二十分，等到灵感一来，你可以得到二十分的收获；你的努力是八十分，乘上一分的灵感之后，你就会有八十分的收获。最怕的是根本不知道努力，就算得到十分的灵感，最后结果也还只是个零。

相信自己，既然你可以做不喜欢的事，那么，你一定能够把自己喜欢的事做得更好。

成功不只有一个方法，就算此路不通，你还是可以寻找出别的出路，甚至是开始挖地洞。

找机会，没机会创造机会！

4月28日

人生没有放不下的曾经，只有没有好好把握的现在！

一个人是否成功，不是看TA有没有考研，而是看TA是否具备成功者的素质。与其考虑是要考研还是就业，不如早早开始培养自己成功者的优秀素质。

不要做你不喜欢做的事，最后剩下的就是你喜欢做的事，做多了不喜欢做的事，最后就搞不清楚自己真正喜欢做的事是什么了！

做人要善，但不要弱。

在现实的世界如何跟着心走？把“现实”想成丛林，“心”想成丛林另外一头的目标，跟着心走就是穿越现实丛林的种种阻碍达到另外一头的目标。

有人不敢开会演讲，我对他说：“谁叫你平时不努力，平时有机会叫你在大家面前说话的时候，你是说‘好’呢，还是通常拒绝？平时不磨刀，现在要用时方恨刀钝。”同理可证，多少人只会抱怨自己的缺点，但是从来不去改进它。

人最大的功课，就是要承认自己的不完美，但是太多人无法接受自己的不完美，拼命追求完美，但这是个不可能的任务，不管人们如何追求，人的本性就是不完美的，所以人永远无法满足，所以人的心灵被撕裂了，所以当然痛苦。

4月29日

工作上有人说选择很重要，我说做人更重要。因为无法做好的人，才会说选择很重要。如果人的心态对了，干自己喜欢的那行就好，干哪行都会成功。

越是高阶的职位，越不在乎你的能力能做什么事，而是你的脑袋里装什么思维。

如果别人对你冷淡，你对他就热不起来，那么关系最后不好，不光是别人的责任，自己也要承担责任。想要别人怎么待你，你就要怎么待人，这是人际交往的黄金法则。

要先学会做人，再学会做事。

学生读书不是为了父母、老师，也不是光为了考好学校，要找出读书对自己的好处才有动力，比如说书读得好，比较容易接触到好的结婚对象，这还不能让你兴奋?

4月30日

梦想始于相信。

看一个人的未来，看他的信念就好了，他的未来不会超越他的信念。

做事先做人，何谓做人?关心他人和自己。

人生就像煮开水，前面你必须努力烧到99度，第100度水才会开。但是很多人在烧到99度前就放弃了。但更多人根本没在烧，例如，想要和谐爱情的，没在烧“学习爱的逆商”，想要积极健康孩子的，没在烧“正确的亲子教育”，想要事业成功的，没在烧“明确目标，大量行动”等，这样水当然永远不会开。

5月1日

什么叫活在当下？早上起床时好期待一天的开始，期待吃早餐，吃完期待上班，中午前期待吃中饭，吃完饭期待上班，下班前期待下班，下班期待回家或吃晚饭，吃完饭期待休息或娱乐，晚上期待睡觉，一天都活在期待与期待被满足的开心中。有木有人期待明天上班？

很多人会说“如果我的梦想实现，我就会活得快乐，我就会表现出最好的状态”，不，你应该要倒过来，你要用最好的状态来活，然后你的梦想才会实现。

做事的时候，不要去考虑赚多少钱，假设你任何的职业规划都可以让你成为富翁。

我高中留级过一次，高考也复读过2次。做任何事都要坚持到底，不要放弃，不要受他人影响。

做人要圆滑，说话要顾及别人的感受。在这里，“真实”，包括“说话很直”、“没有心眼”等，是情商低、沟通能力差的表现，并不值得赞扬。

要活出自己，首先要不要脸，意思是放下面子；其次是不要受他人控制。

重点不是做不做得到，而是有没有去做，很多人根本没去做，而我一直努力在做。做法是，做该做的事，不是为了求得他人的认可，若被他人批评或否定时，绝不怪罪他人也不怪罪自己，只是好好安慰和鼓励自己。

生活中，要刻意找一些小概率成功的事去做，努力让它成功，这会打破自己一些限制性的信念，扭转自己的人生模式，同时带给自己无限的正能量。成功了就找下一个目标。

5月2日 最重要的是成为什么样的人，选哪条路都可以成功！

一心一意做一件事，就会成功。一心一意爱一个人，就会幸福。

现代人都受了教育的毒害，从小只注重成绩，所以很少有孩子去探索自己到底喜欢什么、擅长什么，就只是一味地考好。所以长大了，当然不知道自己到底要什么？但是不论你现在几岁，努力去找自己到底要什么都不嫌晚，就怕你不去找。

不要逼自己做不想做的事，生活中都被“身不由己”的事占据了，哪里还看得见自己？

很多人靠关系找工作，这还不打紧，问题是有的人靠关系找的工作根本不是自己专长或喜欢的工作，这也还不打紧，如果后来工作能胜任或越做越喜欢。但是如果做得痛苦，这还不打紧，因为可
5月3日 以辞职不干，可是，如果到这地步，还因为不敢自己找工作或怕换工作辛苦而不敢辞职的话，那是一万个活该，该继续痛苦。

有人担心自己的梦想无法实现，或者担心未来过得不好。废话，这种人大多什么都不做，是该担心。但是如果你非常努力在做，你就没有担心的时间，如果你有担心的时间，代表你还不够努力。

做人要睁一只眼闭一只眼，我只想闭上双眼，往内看！

找到自己喜欢做的事，例如：与人交流，喜欢跟数字打交道，喜欢编写文章，喜欢动手等，而不是限定于某个职业、某个岗位，这样的工作一定可以找到，这样做起事来才有激情，不是为了工资，不是为了肯定或掌声，这样的生命才会有源源不绝的动力。

5月4日

有人觉得工作苦，那是因为他们不知道为了什么工作？ 如何能快乐地工作，那就是工作时想想是为了谁工作，及可以带来的好处，而不要去想喜不喜欢这工作。想想赚了钱就可以为爱的人或自己实现一些目标，每天工作就会离实现这些愿望越来越近，那工作起来不是很兴奋吗？

当我们100%相信一件事，遇到阻碍，还是100%相信，完全不怀疑，遇到挫折，还是100%相信，完全不怀疑，一直保持100%的相信，并且带着这100%相信去行动，就一定会成功。

不要想一定要做得很好，但一定要好好地做。

发现被人利用怎么办？自认倒霉然后停止被利用就好啦，反正每个人都利用过别人，人本来就是相互利用的动物，就好像你发现你最信任、最亲的人很自私一样，这是人性，自私是人性，利用也是人性，没什么好大惊小怪的。

赚钱需要努力，想要获得幸福也需要努力，不是坐在家里什么都不做就会从天上掉下来的。

一个人如果坚持相信一件事情并且坚持地去做的时候，表面上会诸事不顺，但事实上一切都会朝正确的方向前进，有一天会有惊喜发生，这看似奇迹，实为必然的结果。

企业最怕的不是人才走，而是进来的不是人才。

5月5日

因为觉得自己不够好，所以要把事情做得完美才会觉得自己是完美的。

努力追求自己想要的，就没精力去烦自己不要的。有时间烦自己不要的，一定没在努力创造自己想要的。

想要成功，请一次专注一件事，就一件事，一心一意，坚持到底。

人生最重要的是坚持，只有坚持到底的人才能活出光彩的人生。

工作前几年要现实，以后就可以过得不现实。如果一开始不现实，以后就不得不过得现实。

学生有谈恋爱的自由，但是要顾好功课。如果你无法顾好功课，那么除非你能确定及保证对方是终身伴侣而且不会离婚而且活得快

5月6日

乐，那就好好把握，因为找到了灵魂伴侣，就算功课差了些也值得。但是，如果谈了恋爱，但最终分手了，那么如果因此导致了学业失败，谁来赔？

因为很多学生是被逼着去考试，而不是为自己考试。外国学生不用父母老师逼都是自己主动念书，因为这是荣誉感，念得很开心，对考试也很兴奋，因为可以一展所长。学生要把自己想成奥运选手，面对比赛可以紧张，但是也要兴奋、全力以赴，怎么可以害怕、想要逃避？这样的人有资格当奥运选手吗？

一个有经济能力的人如果无法花更多的时间去享受不工作的状态（我说的不是工作了一天晚上去喝酒唱歌，这不算，那只是宣泄或舒缓压力，我说的是放弃赚钱的机会，有钱也不去赚它），那么他还是被“不够的恐惧”所操控，但是他会以为是为了“追求更好”所驱使。

5月7日

拖延症没什么大不了，不用改，很多名人、企业家也有拖延症，照样成功。做好该做的事就好，不急，慢慢来，成功贵在坚持到底、永不放弃！

让自己未来的事业发达，生活富裕，感情亲密，这些事情就够我们忙了，有些人却还花精力放在过去的事情，真是本末倒置。

有些人遇到人生道路的选择，不知该往哪条路走。其实没有正确的答案，很多人以为当初走错了可是后来却证明是对的，我爸和我以及我认识的很多人都发生过这样的事。与其走对路，不如做对人，努力成为优秀的人，不管走哪条路都会成功，只有不优秀的人总想找最对的路。

生活的道理，不是看过觉得有道理就算了，要不断提醒自己这个道理，重复强化，才能改变自己。

把人想得太好不是问题，遇到挫折就认为“把人想得太好是问题”才是问题。人大多是好的，但总会遇到不好的，这很正常，无需大惊小怪。

人本来就是自私的，这是人性。你能找出不自私的人吗？

说话也是有技巧的啊！你要分清楚，“说话”不等于批评、指责、骂人，看看那些敢说话、活出自己的人，他们身边的人并没有一个个离开他们啊，反而这样的人朋友通常很多。

成功就是，说你能做的，做到你说的。

5月8日

你有没有想要去创造什么？不要总是依赖，总是被动，要有为他人、为社会做出点什么的决心和目标，而不是混日子。

亲爱的，走在人生的大道上，不要因为踩到狗屎，就认为前面的路都是狗屎而不敢前进！

穷人总会笑另一个说要成为百万富翁的穷人在做梦，当另一个穷人已经成为百万富翁时，他还在自我安慰说，那是你交了狗屎运！

只管把事情做好，不要存有改变他人的意图。

有些人的世界看似很大，实际上他们都是斗鸡眼，他们的世界只有眼前的事情或人。

5月9日

如何增加自己赚钱的能力？学习是很重要的，学习赚钱的方法更重要。如果你没看过关于理财致富的书，那么你一点都不努力，难怪要去赌博了，因为如果一个人知道如何赚钱，如何赚更多钱，他只会更沉迷于赚钱之中，而不会沉迷于赌博。

有些学生因为考试焦虑影响学习而感到痛苦，事实上，没焦虑，努力了，还是考不好，才是他内心最大的恐惧。所以表面上他想走出焦虑，但潜意识却不想走出焦虑，所以迟迟走不出来。

星期一综合征，有木有？在度过愉快的周末后，星期一上班时，你会显得有些懒散、精神涣散、头痛、四肢无力。这和你在周末的疯狂程度成正比。如果你觉得你的同事好像一点事也没有，那只能证明，他的周末，比你过得平静许多。如何解决？可考虑把一些消耗体能的活动尽量安排在周六，周日则安排些放松的活动。

5月10日

华盛顿大学的一项针对已就业毕业生的研究报告显示，超过半数的人对现状完全不满意，其中90%的人都有过晋升或跳槽的想法，但是付诸行动的只有不到10%，更多人只是心里想想，然后依旧被动地承受风吹雨打，过着“人在江湖，身不由己”的生活。你呢？

如果你去参加同学会，你会发现成功的并不见得是成绩最好的人。你会从成功的同学身上看到成功者的素质：目标明确、积极心态、努力坚持、抗挫折能力高、负责任、领导力、交际能力，等等。而你会从失败的同学身上看到：不努力和怨天尤人。你是哪种人？

BOSS一向喜欢主动承担责任的人，也会将更重要的事情交给这些人做。有些人会认为：“不是我不想承担，但是我工作都做不完，还怎么主动承担责任？”是的，既然你承不承担，都会有做不完的工作，还不如先BOSS一步，主动伸出手来要工作，反正工作量的结果不会差太大，但是给BOSS的印象却是天差地别哦。

拖延是多数人的通病，它会为你亮丽的人生沾上一层灰尘。你有没有曾经自我承诺：“我今年一定要做出个好业绩升职加薪”，“我今年一定要读完那些经典作品”，“从明天起我要每天晨跑2 km减肥”，“我一定要向TA表白”？一年过去了，业绩依旧平平，书籍依旧尘封，体重有增无减，恋情依旧空白……

有些人觉得工作压力大，我们要看开，看开不代表不努力工作，这是两件事情。我们只要把精力放在不断改进上面，不要管压力，专注于把自己的工作做到最好就好，与其把时间和精力花在“自责做不好，担心做不好”上，不如花在“不断改进，继续努力”上，大多数成功人士都是这样做到的。

5月11日

不去挑战自己，永远不会知道自己有多能干！

每个人都想变有钱，但为什么不是每个人都会变有钱？因为很多想变有钱人的人，从来没有立下要成为富人的目标，并且努力有计划、不畏艰难地朝之迈进。大部分想要变有钱的人，只是想想，想完后又重新投入生活的洪流，被推着走，所以永远不会变成富人。

找到自己真心想要做的事，起床后很清楚自己要干什么，每天都是如此，就会成功。

学会爱自己，再爱别人

5月12日

对自己好和爱自己是不一样的，爱自己是完全地接纳自己，感觉自己是“如此的闪耀，如此的聪慧，如此的有天赋，如此的完美”。

只有爱上自己，自己才会有爱出来，否则都处于想被爱的状态。

想要为世界付出，先要活出自己，活出自己后，所做的一切都是自然的，自然地就会为世界付出。

放下所有的“要爱”，去爱自己，就像找到了爱人、找到了对的人一般地去爱自己，把自己当做“对的人”来爱吧！

5月13日

不用管爱人，管家人，管别人。为自己活就开心，为他人活就困扰。你要为谁活，自己决定。

越放不下对方的人，不是代表越爱对方，而是代表自己身上有个缺失爱（失落感）的洞，想找对方填满。放下这个索求，用自己的爱来填满吧！也就是好好地善待自己及活出发光发热的自己。

我会竭尽所能地让人家欣赏我、善待我、尊重我，这是我自己的责任！

我们必须先爱上自己。不爱自己的人，是没有能力去爱别人的。

越是想要找人来爱自己的，越是证明自己不够爱自己。如果你愿意花钱给父母、孩子或心爱的人买东西，但不会给自己买一样贵的，那就是不够爱自己。

5月14日

如何爱自己？就是爱上现在的自己，不是等以后达到某些目标的自己。就是爱上什么都没有的自己，而不是现在拥有外表、财富、职位的自己。就像你探望一个孩子，当你给他爱的时候，你不会考虑任何条件。

爱自己，给自己吃好的，穿好的，用好的，让自己开心，像对待情人一样地对待自己。

我们是否爱自己，比父母是否爱我们、爱人是否爱我们、孩子是否爱我们，更重要。但是因为我们从来不去往内找，没有真正地爱自己，所以就会渴望别人来爱我们，就会在乎别人是否爱我们，就会因为得不到爱而受伤。

“必须要有一颗真心爱我的心”，讲这句话的人是自私的，因为这句话代表的意思是“我要一个照我想法过活的人”，当然 TA 自己意识不到这层意义，这样的人通常吸引不到 TA 想要的对象，只会吸引跟 TA 一样的对象。

5月15日

想要永不受伤，首先要做到永不批判自己。

因为我爱自己，我才能爱你。

我们不断让自己看起来完美，因为我们不知道自己已经是完美的了。

你干吗要得到别人的欢心，你在做一件“不可能的任务”，你是你自己，你唯一要做的是讨好自己。

自己没活好，就会一直想要得到别人的爱来弥补，请把精力放在善待自己、活出自己上。

当我们还看到或觉得对方有不爱自己的部分，那就证明自己还有不爱自己的部分。如果一个人全然地爱自己，是不会看到或觉得对方不爱自己的，而只会看得到对方爱自己的部分。所以，要清除自己不爱自己的部分，让自己全然爱自己，一定会活得幸福。

不要为一个不爱你的人浪费情感与精力，赶紧让自己变得更好，因为真正要与你真心相爱的人，正等着你在未来相见，你怎可浪费精力与时间在纠结你的“前任”上。

你患得患失不知道怎么办，是因为你在为别人而活。请你为自己而活！

当你不喜欢自己的时候，就不会有人喜欢你。你先要喜欢你自己，觉得自己很好！

5月16日

何谓爱自己？就是要善待自己。很多人会给爱的人吃好的、用好的，却不这样对自己。有人会说“我不需要”，但问题是，那个内在的小孩是需要的，只是你一直忽略他，于是你就会想找人来爱自己，来弥补自己未曾对自己该做的事。

如何爱自己？就是不要排斥自己，只要是想改变自己，哪怕是为了“更好”，都是排斥自己。接受了自己，自己会自然地学习，自然地变得更好，而不是出于什么目的，更不用费力地“努力”。

我们只要专注内在真我的发展，其他的事自然会毫不费力地发生。

你觉得如果你能找到像某人一样的爱人，你就会幸福了？醒醒吧！你要找的人是你自己。

5月17日

要为自己活，真的要敢说任何话，要不怕伤害人，当然我这里说的不怕伤害人，不是指你是为了伤害对方为目的而去说这些话，而是你是为了自己的立场去拒绝，去反驳，只是为了活出自己。

如果对一个人的爱慕、爱恋、爱深的感觉，能拿来对自己多好。

什么都不要去抓住，没一个属于你的，只有你自己属于你自己，你要抓住自己。

永远要相信自己，不是要相信某个人可以给自己幸福，而是我们一定要相信自己，是值得拥有幸福，是会过上幸福的生活的。

每个人要照顾好自己，让自己活得开心，那么对方一定会被你所吸引，爱上那么有魅力的你。如果对方想离开你，那一定是你没有照顾好自己。

5月18日

亲爱的，我爱你，同时我也需要空间；我爱你，同时我也需要自由；我爱你，同时我也需要做我自己，我可以失去你，但是我不能失去我自己。

我告诉我自己，要对自己有爱，也就是说善待自己，所以不会为他人而活，也不会觉得对不起他人。

有些人自认为很善良，对人都很好，为什么没有得到好的报应？事实上，不让自己快乐就是对自己残忍。

个人魅力是跟个人的自我评价成正比的，所以你有没有魅力，不在于你做得好不好，而在于你对自己的评价高不高。

如果说做人要忠贞，那么我们一定要对自己忠贞；如果说做人不要背叛，那么我们一定不要背叛自己。什么叫对自己忠贞？什么叫不要背叛自己？那就是如果有人伤害了我们，我们一定要调适自己，不要因为对方而愤怒难过；也不要眷恋他人，要把自己当做理想的对象来眷恋。

我们要爱自己，对自己要有爱的感觉，就像对父母、兄弟姐妹一样地，我们是那么地爱他们、那么温馨，或者像真心爱爱人一样，当我们用爱拥抱爱人的时候，是那么地深沉、满足，又或像对孩子一样，是那么地无私、愿意付出，是的，我们也要对自己有这样的感觉。

在状况最不好的时候，最需要坚定地相信自己，一定要相信自己有美好的未来，相信能产生力量。

5月19日

我们永远不必变得更好，我们只要喜欢上自己就好。

许多人经常为心爱的人祷告、祈福，事实上，我们要为自己祷告、祈福，但不是祷告坏事不会发生，祈福有好事降临，而是要祷告让自己有一颗勇敢面对挫折的心，祈福自己能不断从遭遇中学习成长，内心越来越强大！

活出自己，就会变得有才，有才就会有财。

你太爱TA，就证明你不够爱自己。很多人像你一样，跟爱人在一起，就把全部精力放在对方身上，没有好好爱自己，活出自己，失去对方后就很痛苦，很迷茫！

越爱一个人的人，代表TA越没活出自己，所以TA的内在极需人来弥补、来爱他。解决方案是爱自己，活出自己。

5月20日

给自己最好的，给爱的人次好的，这就是爱自己。

你可以去成为更好的自己，成为发光发亮有魅力的自己，如果这样的你还吸引不了对方，那TA也配不上你，或者你不是TA要的，到这地步你也得接受。以后自然会有更好的人被你吸引，来到你身边！

对镜子激励自己“你很棒”，用爱对自己说“我很好”，都不是目的，这是手段，目的是感觉到自己真的很好，当做到后，就不会想要说了，因为已经知道自己就是很棒了。

唯一要爱上的人，是自己。

有的人可以为爱的人付出一切，那为什么不对自己付出一切？毕竟不论发生什么事，永远陪在身边的是自己，请把最好的爱给自己！

5月21日

选择爱我的人还是选择我爱的人？选择爱我的人，说明自己没有爱，以后会出问题叫活该，不出问题叫侥幸。

当我们向一个人索取的时候，我们就将自己的能量交了出去，我们也无法活得自在。想要活得自在，就不要向任何人索取，自己帮自己，自己爱自己。

让我遇见一个我爱但对方却不爱我的人，原来是要我学会爱自己。

“我帮助你”，it's not God，“没有人能帮你，只有你自己能帮你”，it's God.

许多人期望，如果能跟爱的人在一起享受生命的美好多好啊。但是，如果能做到“能跟自己一起享受生命的美好”，那才是真美好。

把自己做好的目的，是为了自己，把自己做好了，就等于也为了自己爱的人和爱自己的人做好了，他们会知道他们没有看错人和爱错人。

要努力做到不憎恨讨厌任何人，自然就会爱自己。这是一个检验的标准，如果你还憎恨或讨厌任何人，那你就不可能真正做到“爱自己”。或许有人说“这很难啊”，是啊，赶紧修炼吧！而有的人会说“我不要”，那随你便！

很多人喜欢养宠物，而且对宠物关怀备至。大家不如养一个宠物叫“自己”，也请每天对它说说话，陪它玩，关心它，不要为了工作漠视它，为了爱人“见色忘友”。不好好照顾“自己”这个宠物，难怪它会生病、会抑郁。

5月22日

你所体验到的爱，是来自 TA，还是自己？

仪态的优雅是外在的，能让别人舒服。心灵的优雅是内在的，能让自己舒服！

负面地说，男人没心没肺，但是从正面的角度来看，没心没肺的人都是为自己活的人。付出是爱，但是全身心投入没了自己不是爱，所以不管男女，每人都要为自己而活。为自己而活而且活得开心的人，会吸引善缘，获得爱人善待的。

在爱情中，当有“我好爱你，我不能失去你”的感觉的时候，那就证明，自己已经把自己完全地给出卖了。

发疯想要爱的人，证明你没有在努力活出自己，因为活出自己要花很多精力，但是会有满足感，正因为你没有这份满足感，所以极度渴望有爱人来满足你。

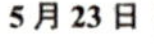
5月23日

人可以“帮助”别人，但不要为别人“操心”，不要把自己赔进去。

你不用去管别人是否无药可救，你管好你自己，让你自己活得开心就行！

闭着眼，对自己的灵魂，真诚而缓慢地说：“我会伴着你，不离不弃……我会好好呵护你，我一定要好好呵护你。”然后好好想想怎样做才是好好呵护自己的灵魂，然后，就去做。

一个人要有的十种积极心态：①决心；②企图；③主动；④热情；⑤爱心；⑥学习；⑦自信；⑧自律；⑨顽强；⑩坚持。你拥有哪几项？最缺乏哪一项？

5月24日

为什么人总会放不下一个人？因为自己没活出来。

放不下过去的人，是没有把自己活好的人。把自己活好了，过去的就放下了。

想要对方如何对你，你先要如何对对方；想要如何对对方，先要如何对自己。

每个人的内在都有一个热情璀璨的自己，而启动的能量是爱。

世界上没有对自己恶毒的人，只有自己是对自己最恶毒的，因为居然允许别人对自己恶毒。

每天都要告诉自己："我要对自己最好"，然后去对自己最好！

有些人认为他们过得很痛苦的原因是因为心不够狠，所以一直不愿伤害他人而委屈自己。拜托！这种人是最心狠手辣的人，因为TA残酷地为了他人伤害自己。

何为爱自己？就是不要去做任何比较。想象小孩子为什么快乐，因为不比较，如果比较，那个孩子就不快乐了！

有些人会为心爱的人祈福、祷告、念经，既然这些有用，那么拜托，请为自己做，因为这世间我们唯一需要搞好的是自己，不是别人。

5月25日 唯一不可放手的是，不要对自己放手，要珍惜自己，除此以外，没有什么是不可放手的！

在心灵层面，无法接纳和喜爱自己的人多如牛毛，爱自己是每个人人生中最大的课题，包括我自己都还在修。要逃脱魔咒，首先要检讨自己，而不是埋怨别人，给自己找理由并不能帮到自己，因为那还是在埋怨别人，这个别人就是过去的自己。

花儿盛开从来不是为了欣赏花的人而开的，所以我们要成为自己，而不是做给谁看！

5月26日 我会为了你，做些哄你开心的事。但我不会为了你，变得不是我自己。

我们要爱自己，像孩子一样，自己一个人也可以很开心，孩子不是需要找个伙伴才能开心，孩子不需要找到生命的意义或生活的目的才能开心，孩子不会觉得每天过着同样的日子是件很悲惨的事，孩子不会去算他还有多少日子可活，因为孩子是用心在过日子，不是用脑子。

①做自己喜欢的事/喜欢自己做的事。②除了满足第一项，不要为其他的欲望工作。③找个自己爱的人。总结：永远善待自己。

虽然我常说要爱上自己，很多人也想做到，但是事实上很多人深层是抵触的，为什么？因为如果你真的爱上自己，你就不需要再找人来爱自己，你就可以不用爱人单身过一辈子了，怎么样，怕了吧？

为自己活不用说通别人，唯一需要说通的是自己，当自己决定为自己活的时候，就变成别人要来说通你，说通你要为他们而活。可悲的是，很多人不需要别人来说通自己，自己就为别人而活。

5月27日

我们要爱自己，就是不要把自己托付出去，自己的快乐永远自己负责。

把所有对别人的要求，例如：要关心我，要好好待我，不可背叛我，要鼓励我，不要批评指责我，要尊重我，不要控制我，等等，都拿来要求自己就对了，自己要关心自己，自己要好好待自己，自己不可背叛自己，自己要鼓励自己，自己不要批评指责自己，自己要尊重自己，自己不要控制自己，就能活出自己了。

人要做的事，是好好地活出自己，而不是让别人喜欢自己。

不要告诉我你多爱多爱谁，不要告诉我你还爱着谁，你唯一要爱的是自己。

这世界上我们唯一需要讨好的人是自己，唯一需要的爱是自己的爱，因为得不到这些来自自己的东西，所以我们一直向外渴求，如果得到了就快乐，得不到就痛苦！

PART③

别在爱里执迷不悟

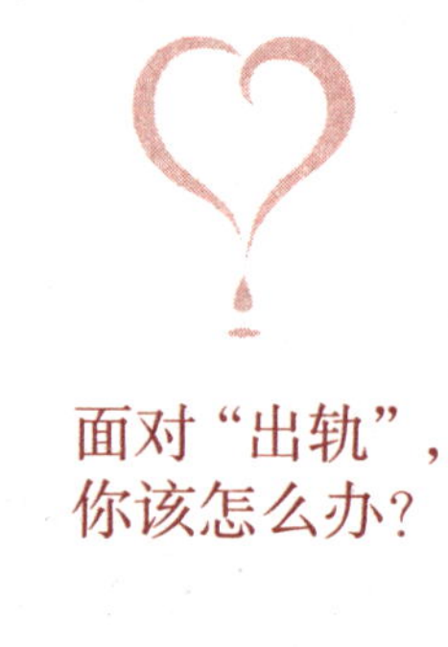

面对“出轨”，你该怎么办？

5月28日

根本不存在“背叛”或“被抢”，因为没有人是属于你的，你不要自以为是地还真以为爱人是你花钱买来的奴婢！

有人问：“爱人背叛了，我该原谅TA吗？”我不禁好奇：“如果你不能原谅TA，你胆敢说爱TA？”

世界上不存在小三，只存在“变心的人”，要先搞清楚主从顺序，没有变心的人，何来小三？

要认识到，没有“出轨”这种事，每个人有选择的自由，每个人更没有控制他人的权力。你同意就接受，不同意就继续受苦。

5月29日

对付小三，千万不可用吵的，这只会让你失去魅力，你要依然用爱对待，同时用分手威胁，对方才会改。我说过几百遍了，不敢分手的人，永远永远永远是输家。

精神出轨与身体出轨，哪个更难接受？心理学家研究发现，女性最不能忍受精神上的出轨，男性最不能接受肉体上的出轨。为什么男性本能地希望与更多的女性发生性关系，但却不容许另一半身体出轨？这要追溯到早期生物繁衍的因素，因为如果母的（生物）出轨，那就无法确保肚子里的孩子是自己的！

世界上没有“背叛”这个东西，背叛是自私的人想要占有与控制对方的借口，想明白这点，并且真心认为你的爱人未曾背叛过你，只是做了一些你厌恶的事情，那你就不会深陷在背叛的痛苦里面了。

外国一项研究结果，发生外遇的婚姻，65%以离婚收场，但是做过心理咨询的外遇婚姻，只有2%的离婚率。所以大家遇到问题，不要埋头苦干地自己解决，要求助于他人，而心理咨询是最有效的管道。

如果你能善待对方的不忠贞（不是忍受），对方就会改变。对方如果还是不变，你应该选择离去，但是因为你之前选择善待的心态，所以离去时就不会那么痛苦。

没有背叛这种东西，被背叛的感觉永远是自己创造出来的。就像“重返地球”里说的：恐惧是自己创造出来的。基本上所有的情绪都是自己创造出来的。

5月30日

如果当我们发现爱人跟别人上床后，我们心中会感到剧痛，很多人会认为这是因为爱的缘故，不，这绝对不是爱，爱只会带来美好的感觉，心中会痛是因为创伤被触碰了。所以我们要处理的，是自己的痛，不是怪罪对方，可惜很多人看不到这点，也不愿相信这点，更不愿去实践这点。

何谓背叛？我认为从来没有人生下来就是应该为我而活，即使TA答应过我什么，TA也永远有改变与选择的权利。

5月31日

你爱的，你恨的，都是自己。例如，你被别人背叛，你很痛恨，那一定是因为你也曾背叛过别人（承诺未兑现、说谎等），或者背叛过自己（不得已去做自己不想做的事或不去做自己想做的事。）

预防男人出轨的方法是：经常向男人表达“我相信你”的语言和态度，及真心相信男人。

我不是说爱人外遇了就应该离开他，而是说一个人不要做半吊子，要么就真心讨厌一件事情，要么就不要讨厌一件事情。要么就真心讨厌外遇，一遇到就坚决分手。要么就不要讨厌外遇，把外遇看做危机事件来处理，这样心里就不会那么痛苦，问题也较容易解决。

外遇只是个事件，不要加上负面的字眼，不要认为是背叛，那只会令自己更加痛苦。我不是说不想成背叛就不痛苦，而是既然已经痛苦了，又何必雪上加霜。一口咬定这就是背叛、死都不愿改变自己想法的人，请自动忽略我这句话，我这句话是说给想活得自在的人听的。

6月1日

要改变观念，首先要知道没有实质的背叛，因为没有人是欠我们的，别人永远有做任何事的自由。光改变这观念，很多人就做不到。

女人通常能接受自己的男人是抢劫犯，甚至杀人犯，也不能接受男人外遇。如果论对错，抢劫和杀人绝对比外遇还错，所以我说没有对错，而是接不接受。

想脱离被爱人遗弃的痛苦的人，要这样想："我要为许多爱我的人努力走出来，而不是为一个不爱我离我而去的人放弃。我还有很长的人生路要走，我又怎么可以为一个生命的过客毁掉自己？"试想想，我们如果为一个从此不相干的人失去自己，不是很可笑吗？

只要我们认为自己是个受害者，我们就会继续创造出受害的事件，只有当我们在发生事情后不再感觉是个受害者时，我们的心智才会停止继续创造受伤害。

你还在害怕分手吗？

6月2日

已经分手了，但是听到对方的好消息，还是很开心，这是爱吗？

很多人问我，分手后是否还能和对方做朋友？我想说，如果今天你对过去已经完全放下，这种状态的人是可以分手后做朋友的，但事实上，又有几人能做到完全放下呢？

分手不需要勇气，只需要足够的痛苦！

不敢分手的永远是输家，不是说叫你要分手，而是你与TA沟通的时候，要有不怕分手的心态，否则对方永远无法改变。结果，等你真的受不了，分手以后，TA才改变，结果你们又回不去了。

6月3日

有些人被人拒绝，或被分手，但始终对对方念念不忘，总是会想“要是如何如何，我们就可以在一起了”，这样只会徒增自己的思念与痛苦，我们应该质疑自己“我为什么非要他不可？”是的，很多人都不质疑这种问题。

许多人与爱人有问题时，就想离婚，除非你离婚时感觉轻松愉快，或者两个人是好聚好散，否则，带着痛苦离开的，下一个还是会遇到问题，而且多数卡在同一个地方。

对方爱不爱自己，自己是绝对可以感受得到的，所以很多时候，该分的时候就要分，不要再自己骗自己了。

有些人被分手感到很痛苦，希望对方能回心转意，因为他觉得自己好爱对方，其实这不是爱，这是被否定的痛，所以希望对方回来，这样痛才会消失。尤其是还有人跟对方闹，甚至威胁对方，那更不是爱了，那已经是变态的爱了。

很多人提分手的目的不是真的想要分手，而是想威胁对方，希望对方听了以后，怕了以后，就改变，变成他想要的样子。但是这招通常没用，没人会因此而变成另外一个人。

不管对方有什么问题，只要你没有敢分手的决心，你永远改变不了对方，你永远是输家。

6月4日

失恋的痛苦是由于错以为对方是自己的唯一，但是时间会证明以后的对象才是适合自己的，那现在何必为一个错误的结果伤心？

爱要学会自尊，如果没有分手的勇气，永远是输家。

分手时，我们觉得很痛苦，我们认为这是因为“爱”的缘故，所以会让人认为“爱是痛苦的”，这是种错觉，痛是来自于“被遗弃”，而不是爱，爱只会给人带来喜悦与满足。然后为了“去掉痛”继续跟对方在一起，却以为是“为了爱”想跟对方在一起。

许多人根本是用脑谈恋爱，觉得对方合乎自己的一些择偶标准，例如“长得不错，工作不错，个性不错”等或性的吸引力，就谈下去了，但实际上没有爱的感觉，等以后发生问题的时候，才说“我觉得我当初根本就不爱他”。

6月5日

分手后说“我觉得我当初根本就不爱他”，通常真正原因是没有好好经营感情，但是，承认自己不爱对方比承认自己不会经营感情要容易多了，甚至根本不认为自己经营感情有问题，大多认为是对方的错。

情人分手通常不在于“爱”，而是在于一些负面的东西——嫉妒、计较、占有、怀疑、任性、仇恨、固执、暴力、不讲道理，等等，如果只有爱而没有去掉这些，那么即使复合也还是会遇到同样的问题。所以如果要复合，必须是“我们重新开始吧！我已经改变！”当然，要真的改变！再当然，答应复合的人也必须改变。

能否请你帮个忙？在我心里，有个叫爱人的位置，你把它占住了，能否请你走出来，否则其他的人都进不去。

6月6日

有些人当初脾气不好，导致爱人分手。结果为了挽回爱人，脾气变好了，但是为什么还是挽回不了。废话，天下哪有那么好的事？如果抢劫被抓了，难道只要抢劫犯道歉认错并保证不再犯之后，就不用坐牢了吗？如果脾气坏的人道歉后，受伤的人就回来，那么坏脾气的人受的惩罚在哪里？岂不是太没天理了？

为什么有爱人时很舒服，而爱人离开时又那么痛苦？因为我们用爱人来填补心中匮乏的洞，所以很舒服，一旦爱人离开了，洞一下又出来了，所以特别痛苦。

不要对一个爱人太过于付出而完全不要求回报，因为表面上你很吃亏TA很享受，但是在潜意识深处TA会承受不起，最终会导致TA离开你。当然离开的原因一定不会是这个，而会是发生个性不合、外遇、没有爱了等因素为由而离开。所以，永远要去创造爱的施与受的平衡。

一个人被遗弃的痛苦——仿佛小孩子失去父母的痛（亲密关系就是亲子关系的投射），远胜过两个人在一起遭受的痛苦。

感情的好坏不是以在一起还是分开为判定的标准，分开的人脱离痛苦，在一起的人活在苦海，孰好孰坏？

痛苦都是自找的

6月7日

解脱痛苦和解脱快乐是同一条道路。只想解脱痛苦，而不想解脱快乐的人，永远无法解脱。

不管生活受到多少苦难，不管多少人践踏你，你都不要花一丝精力在上面痛苦纠结，一点都不要，那只会浪费你的生命，赶紧关注现在的生活，做自己想做的事，不要逼自己做不想做的事，有情绪就发泄出来不要压抑，有觉就好好睡不要担心焦虑，有饭就好好吃不要狼吞虎咽，有玩就好好玩不要想工作的事。

身体痛要找医生开药或动手术，自己无需动手。心理痛可以找心理医生指导，但是最终要靠自己处理。

6月8日

通常人们认为如果爱越深越痛苦，所以不敢爱。事实上，是当爱越多的时候，同时间，对爱的需求也越多，如果得不到就痛苦，爱人与爱的需求是两件事，但是人们当作一件事，根本无法分开来看，所以觉得投入爱越多越痛苦。

我真的感觉到，一索取就会有机会痛苦。

创伤为什么不是随随便便改变一下想法就可疗愈的？因为创伤有被保护不被疗愈的机制。创伤是为了提醒自己不再受伤害，把它疗愈好就等于把一个人被火烫伤的记忆抹除掉，那怎么可以？保护行为是个机制，没有理性思考，所以它并不知道这种方法并不能让主人成长。

当我们很喜欢一个人而且对方对自己也有好感，但是最终被对方拒绝的时候，我们会感到很难过很伤心。我在想我们为什么要难过？虽然我们没有得到什么，但是我们也没有失去什么，生命依然如此美好，我们干吗难过呢？

如果没有任何创伤的人，是不会痛苦的，但是从出生到长大想要没有任何创伤是不可能的。

只有经历过同样的伤痛，才能理解自己给别人的痛，但是很多人根本没机会体验到自己给别人造成伤痛的痛，而继续在别人身上或不同的人身上造成相同的痛。

“会痛的不是爱”，这句话指的是如果有爱，是不会感受到对方伤害自己的痛。我感受到了，当我有爱时，完全感受不到以前对方伤害自己所造成的心痛。但相反的是，还是会心痛，那就是自己伤害别人而感到内疚的痛，这种痛和别人伤害自己的痛是一样的痛。

6月9日

如何去除过去爱的伤痛？要找到过去所有负面的记忆。一一去宽恕，宽恕还不够，要看到所有的伤痛都是自己造成的。

不愿宽恕对方的人＝小心眼＝痛苦＝活该。

很多人觉得被人瞧不起很痛苦，但事实上真正令人痛苦的根源是你自己瞧不起自己。

未来会更痛苦只有一种可能，这是简单的数学题，环境＋自己＝未来，如果环境是固定数无法改变，而且自己不愿付出代价，不愿做改变，未来当然不会变！而未来是靠行动改变的，不是靠想象！

大部分痛苦的背后，其实我已经说了很多遍了，是索取、自私、控制、占有、爱比较等造成的，但很多人都不这样认为，大多认为是对方造成的。

6月10日

不要想不痛苦，那是自然反应，所以遇到痛苦，首先要接受痛苦，就让它痛苦吧，然后把焦点放在解决事情上面，等事情解决了，痛苦就会立刻消失或随时间消逝。但是批评指责只会让问题更加严重，所以问题没解决，继续痛苦。

我们之所以痛苦，不是被爱人伤害，而是我们停止了自己的爱，我们因为认为对方伤害了我们，所以不愿爱对方，即使可能还做着爱对方的行为，但心理上没有爱的感觉，没有爱，这才是造成人痛苦的真正原因。

当一个人强烈地想要一个人的爱，觉得失去了就好痛苦的时候，难道不觉得奇怪吗？没有对方的爱为什么要痛苦？就像一个人没有巧克力吃为什么要痛苦一样？

6月11日

对每一份痛苦要心存怀疑，不要认为是理所当然，要质疑“我为什么要痛苦？”而不是怪罪他人或事情。如果你买了防弹衣，结果被射穿了，你一定会先找卖家算账，而不是找敌人算账。如果你痛苦了，一定是你自己的心灵防弹衣没做好。

当受到对方伤害时（事实上是自己伤害了自己），最难的是，应该立刻把对方从受伤的故事里剔除，因为不干对方的事。这样就可以处理自己的创伤，也不会产生对对方的讨厌憎恨，然后最终还是可以继续用爱对待对方。

对人表白被拒绝了会心痛，但是有没有想过“为什么会 心痛？”很多人都认为理所当然，所以永远不会脱离这样的苦海，不会对此有免疫力。

人为什么会痛苦？因为假如我每天一睁开眼，就在找错误，找哪里还不幸福，这样过日子，怎么会幸福？所以我们若想要感到幸福，就要每天一睁开眼，就去找自己幸福的地方。我知道，有人会说找不到。错！此人说这话的时候，看的一定是不幸福的地方，而没去看幸福的地方。

当事与愿违的时候，不要“希望”别人怎么样，不要希望父母和睦，不要希望家人身体健康，不要希望孩子听话，而是接受现实与尊重生命。想要控制与不尊重事实的人，会活得痛苦，这种有控制欲与不懂得尊重的人，痛苦也是活该。

6月12日

我们要面对与处理创伤，我们必须这样做，那是因为我们活在假我里，想要不受影响，就必须去处理，但是这些很“实在”的创伤，在实相层面都是幻象，所以另一种办法就是去修实相，修到见证实相了，就可以不受假我的影响。

所有的关系，都是为了让自己看见自己的问题（伤口）在哪里。可惜很多人都不去看，却认为都是对方的问题。

我也曾因喜欢一个拒绝我的人而感到痛苦，但是我告诉自己，让我痛苦的，不是“喜欢”，不是“对方”，如果把痛苦的罪安在这两个主体上，是件很恐怖的事，这样会造成以后“爱无能”。我认为痛苦的根源是“控制”，痛苦是自己想要控制结果，但最终却不是自己想要的结果，所以要放下的是控制。

6月13日

不要期待人生没有痛苦发生，但要学习让痛苦成为过客。

为什么我们会遇到痛苦？因为在顺境中人们无法看见真正的自己。

感觉痛苦想哭的时候，就只是去哭那份痛，这样就可以疗愈这份痛。不要把其他人扯进来哭，这样不但不能疗愈，只会更加痛苦。

人们总是想脱离造成痛苦的情境，而我却会维持这份情境，知道我修过这份痛苦，才会跳脱这份情境，更正确地说，一旦修过了，这份情境就再也带不来痛苦，所以不用跳脱了。

你觉得痛苦，很多人劝你都走不出来。但是如果有个拿枪的神经病自认为要把你杀了才能解决你的痛苦，相信很多人马上会回答“我不痛苦了，我会让自己好起来”，然后就会努力面对伤痛，积极向上地过生活。这说明了什么？

6月14日

爱情逆商高的人，不是不会遇到挫折，更不是不会感到痛苦，而是遇到挫折后，即使会感到痛苦，依然会采取正确的方法面对与处理痛苦。但是很多人却以为他们的命真好，遇不到不开心的事。

“我好痛苦啊”，事实上，是“为什么人都不受我控制，我好痛苦啊”。

有些人喊苦，可是这些喊苦的人通常不知道，即使自己再苦，都比一大堆人活得幸福多了。如果我们抱着“宁愿自己苦一些，都要让其他人更幸福些”的想法，我们就不会觉得自己苦了。

人为什么会痛苦？因为那是内在的自己在告诉脑子的自己，他不要这样子过活了，所以他就开始让另一个自己痛苦，逼他改变，如果另一个自己不改变，他就继续让他痛苦，所以，痛苦是不改变的报应！

为什么有同样创伤的人，有些过得痛苦，有些人却可以不受影响？因为痛苦的人看的是过去，不受影响的人看的是未来。光看未来还不够，最最最重要的是，是否觉得未来很好？也就是说，一个人是否相信自己的未来很好，这决定了一切，决定了他是否能承受，是否能吃苦，是否能放下。

要活得幸福，就不要依赖别人。试想想，如果有一个人把他汽车的钥匙（人生的幸福）硬塞到你手中，叫你开而且要按照他的指令开，开不好他就觉得痛苦万分，然后拼命骂你，责备你，你把钥匙还给他还不行，你必须开，你难道不觉得这种人有神经病吗？痛苦的人就是这样对别人的神经病。

6月15日

有些人的爱人对他很差，他已经不爱对方了，但是他却离不开对方，这种情形令人痛苦却又让人无法理解。其实离不开对方真正的原因是，因为潜意识还想要得到对方的肯定，这是源于童年的情感反应机制，当父母否定我们的时候，我们不会想要离开父母，相反地，我们更会黏着父母，希望得到父母的肯定。

很多人痛苦，是因为想要靠别人，想要别人努力让自己快乐，或想要别人给自己钱财，而不是自己就可以让自己快乐，自己不愿拿父母及爱人一分钱。贪图别人东西的人会痛苦是活该。

我们都被自己骗了，当我们心中感到痛苦时，我们都会以为是眼前的状况造成的。错！事实上是我们心中的创伤被搅动，要知道这点不容易，要感受到“是这样的”更不容易，有的很容易知道是来自哪个创伤，最难的是不知道来自哪个创伤，最后的关键是如何去疗愈这份创伤。

6月16日

为什么所谓创伤不是用脑子就可以看开的，需要用很多疗愈手段？因为创伤是被潜意识保护不允许被疗愈的，因为它要记住痛，好对同个刺激做出保护自己的反应，但是这种情绪式的原始反应，往往让事情越来越糟糕。

一旦付出了，就付出，不要计较。一旦计较，就会痛苦，活该。

我们为什么遇到不顺心的事要难过痛苦？我经常质疑这个问题，我一直想要找到高效或确切的解决或疗愈方法，但是我一直找不到。可就在我苦于一直找不到的时候，我突然会想开了，放下了。原来“非常积极、不间断、不停歇地不断去质疑＋去体会与接受心中的痛苦，不要讨厌它，不要排斥它”就是很好的方法。

6月17日

失去是种痛苦，会让人很痛苦。亲人去世是种失去，跟爱人分手是种失去，但是千万不要把这种失去的痛苦当做是太爱对方的缘故。

很多人不断看书或上课学习，却忘了做一件事，就是学习自我挖掘创伤、自我疗愈的能力，所以只好不断地靠别人。虽然靠别人的确快速有效，但是总不能靠一辈子。我的自我疗愈办法，就是不断带着爱静心，就会把创伤引发出来，然后同样用“允许”的态度去全然体验它，让它发出来就好了。

很多人认为，人因为欲望太多又得不到所以痛苦，但事实上不是欲望太多得不到的问题，即使降低欲望，人就会因此感到幸福吗？不会，因为他对现在所拥有的没感觉。幸福感低不在于欲求不满，而在于对得到的没感觉。

爱一个人不痛苦，会痛苦的不是爱。让你痛苦的不是眼前这个人，是这个人碰触到你很深的伤口。如果你愿意把创伤疗愈，你会惊讶地感觉到伤痛消失了。

会痛苦的人，都是沉浸于自己造出来的假象。如果看见真相，就能立刻脱离苦海。因为一旦看见真相，心就会和真相成为一体，而真相是无法撼动的，所以心也变得强大无比、无法撼动。什么是真相？真相就是：“事情已经发生了，没有什么是应该不应该的。”

如何消除内疚？要看到“自己没做错什么，对方的痛苦完全是由对方自己造成的”，并用爱希望“对方能从伤害中走出来，不要再折磨自己了”。

6月18日

如果一种行为或心态让自己痛苦，不去管它虽然会让你快乐（虽然要做到这样也不容易），但是却让你失去了一次清理的机会。如果想清理，就要面对痛苦，挖掘痛苦的源头，接受、释放、清理。

感情遇到挫折，寻找学习的正面意义，这是脱离痛苦的有效做法。再进一步，即使对方的意图是恶劣的，也都接受，这是有爱的做法。最深一级，认为对方根本没有做错什么，所以自己也没什么好痛苦的，这是心灵已经达到明净的境界。

如果用码表，在有痛苦事情“正在发生时”计时，结束时就停止。我们会发现，这些痛苦发生的时间跟活过的时间相比，简直少之又少，但是我们却要用剩下的时间来痛苦，这叫疯子。

潜意识会一直吸引挫折重复体验自己的伤口，目的就是为了搞定这伤口，而搞定的办法就是改变自己，而不是怪罪别人。如何改变自己？要改变自己对事情的看法，如果做不到、不愿意，那只好继续吸引挫折重复体验自己的伤口。

6月19日

我们要放下对人的痛苦重担，把它交给我们内在的神性，它会帮我们解决的，我们只要去创造自己想要的生活就好了。

亲爱的大家，你们好吗？遇到挫折痛苦时，千万不要气馁，不要灰心，要吃得起苦，要坚决地相信，未来一定会更好。我永远在这里，我支持你们，我会竭尽所能，给各位的心灵做SPA，让各位的头脑转个弯，为大家的生命一起加油！

痛苦来自于怪罪对方，我们要知道，对方有绝对的自由，我们没有任何权力控制。其次，我们就算不怪罪，不代表我们就不会痛，通常我们依然会痛，因为对方戳中了我们的创伤，就像有人不小心踩到了我们的脚，我们就算不怪罪对方，我们的脚还是会痛。

6月20日

一切的痛苦皆来自于“现在的自己没有爱”。

真正能治愈自己的只有自己，因为，从头到尾，伤害自己的，也都是自己。

所有的痛苦来自内在，不可能来自外在，所以有人已经能做到，痛苦时都不去怪罪别人，但问题是，即使知道痛苦是自己给的，那如何才能不痛苦呢？

谁都会遇到挫折，但是爱的逆商低的人就不会处理而继续痛苦，爱的逆商高的人就处理得很好且容易快乐。

灵魂是完美的，灵魂不会痛苦，人会痛苦都是脑子创造出来的，因为人跟灵魂失去了连接，却跟脑子紧紧地连在一起。

想要脱离痛苦，就不要认同痛苦的天经地义，要不断地去质问自己：“发生这种事情，我干吗要痛苦？”“我干吗对他念念不忘？”“他背叛我，我干吗要用痛苦回报？”“钱赚得少或欠债，我干吗要压力大？”“我有什么好放不下的？”等，认为这些痛苦是天经地义的人，你就继续天经地义地痛苦好了。

帮助一个人，不是要帮他解除痛苦，而是要帮他理解痛苦背后的意义，帮他理解该如何改变自己，下次遇到同样的情况才不会痛苦，而当下，就只是接受痛苦。

6月21日

很多人也会经常遇到这种情形——“感到痛”，大多数人也能过去，但是大多是转移焦点或不去触碰，而不是选择去打开与经历这个痛。这样处理叫调适，也可以说是高情商，但不是疗愈，它还是在那里，埋在潜意识里，影响着自己。

很多修行的人，对痛苦只是“调适”掉了，或“麻木”掉了，不是做到真正的接受。

一旦爱的连接建立了，就不会断。但是很多人会因为认为“对方伤害了自己”，就刻意切断它，这样必须要花很大的力气，也只会造成痛苦。

有痛苦就接受它吧，接受以后你会发现没事，不信你试试看！

6月22日

人为什么会痛苦不堪？因为不接受痛苦。看看人们在亲人去世的时候也会难过，但是这痛苦会过去，为什么？因为接受。如果一个人不接受痛苦，而是想去除这个痛苦，那只会一直痛苦。

如果你叫人抱怨他的生活，他可以马上数落出来（工作、爱人、外貌、身材、财富等各方面的不好），但是叫他说出感到活得开心的原因，几乎想不出来，就算说得出来，也是用脑子想出来的，心里没有开心的感觉，但是在抱怨的时候，心里是很有感觉的。人已经很难对“好”有感觉了，却很容易对“坏”有感觉，难怪人会活得痛苦！

很多人如果遇到对方不爱自己，觉得痛苦，认为这是因为自己好爱对方的缘故，这是大错特错，这根本不是爱对方的缘故，如果真爱对方，要为对方的自由自在感到开心才是，怎么会痛苦？事实上，痛苦是来自“得不到对方”的痛苦，而“想要得到对方”明明是爱自己的行为，怎么可以睁瞎眼说瞎话说是爱对方的缘故？

6月23日

只要还会心痛，那就代表内心还有创伤，想要解除心痛，大部分的人都在努力改变外在造成他心痛的因素，而改变他人的目标很难达成。即使达成了，不心痛了，但事实上，并未解决，因为下次遇到同样的事还会痛苦，想要真正解决，必须对创伤做疗愈。

当一个人在爱对方的同时，被对方爱的需求也同时发生了，所有对对方的要求均是来源于此，当对方不能满足时，痛苦就产生了。因为是同时间发生的，所以很多人把被爱的需求当成了爱，所以才会有“有爱才会痛苦”的结论，这是所有人的误区。而真正的爱本身，就只是爱，是没有要求的，也就是大家向往的无私的爱。

别人想干吗是别人的事，自己没办法拒绝或适应才有问题。自己永远是问题的源头，不管别人是否有问题，自己感到痛苦，要改变的永远是自己。

爱无能其实是不懂爱，不懂爱的人单身其实是好事情，因为不会因爱受苦，吃不到蛋糕总比挨打好！

心很痛，谁在痛？如果真实的自己是存在，存在是不会痛的，那谁在痛？如果痛的不是真实的自己，那为什么要痛？

有时我们为了一些烦恼而感到胸闷，甚至不知为什么就感到胸闷，似乎找不到特别的原因。其实是心中的某个创伤被很轻微地触碰到了，所以有股痛想出来，但是因为刺激不深，所以又出不来。

6月24日

不要再把“爱”等同于负面的东西，这样只会把自己害死，何必呢？只要心中痛苦，就绝不可以说“爱”这个字眼，例如，爱人分开了，心中感到痛苦，绝不可以说“我还爱他”，只可以说“我很想得到他”。虽然这样做对减轻痛苦毫无影响，但是不会掉入“爱人好累”的误区，而不敢再轻易爱了。

令我们痛苦的人，是我们心灵的手术刀，是他一刀刺进我们的伤心处，而我们应该做的事，是用这把刀替自己把坏的部分割去，而不是很凶地把对方踢开后，让那把刀一直插在心上。

别人做了一些事，即使自己认为被对方伤害了，但实际上至少对方不是为了伤害你才去做这件事的。

外面的人说了什么和做了什么，又不会损害我们的本体，我们干吗要感到痛苦？

6月25日

不要用“我受伤”这种说法，因为这代表都是别人的错，是别人让我受伤。要用“我有创伤”的用法，是别人碰触到我们的创伤了，所以我们才会痛。

能伤害我的人，是我想要从他身上得到爱的人。而爱一个人是不会受伤害的，例如对待自己上小学的孩子，不管孩子怎么发脾气、否定自己，虽然会生气，教育他，但不会真正受伤害。因为此时大人只处在爱孩子的状态，并没有想从孩子身上得到爱与肯定，而随着孩子长大才开始有想得到他的爱与肯定的需求。

每个人的痛苦都是自己造成的，除非第一次遇到，否则一切的痛苦都是因为他没有采取改变的行动。问题一开始都很小，但是因为没有处理，以后就会变成很大的问题。所以，好好想想，你还没有行动的原因是什么？不管是什么原因，那都是因为你还没有到被逼急的地步！

6月26日

痛苦时，我们只要处理痛苦，不要憎恨他人。就像看到孩子玩耍回来受伤了，要处理伤口及安慰他。可以找肇事人要他负责任，但是万一对方不愿道歉赔偿呢？我们应当告诉孩子我们爱他，安抚他，鼓励他，然后继续生活；最不应该的是，告诉孩子要仇恨那个伤害他的人，甚至策划报仇。我们对自己要像对这孩子一样。

“你必须要照顾我的感受！”别人真的要照顾我们的感受吗？还是“我必须要照顾我的感受”？哪一个是比较可能实现的？前者是我们无法掌控的，后者是我们可以努力做到的，结果我拼命去做无法掌控的事（就像赌博），而不愿自己好好努力（认真工作赚钱），结果一直掌控不了（赌输），难怪痛苦！

一个人如果凡事靠自己，就会活得快乐。如果想要靠别人（例如，生病了，要爱人的关心或照顾），还不准别人拒绝（爱人不做就生气），那就会活得痛苦。自己的事（快乐）自己不负责却要别人负责，结果却导致痛苦，那是活该。

我们感到痛苦，一定是对方触碰到我内心的创伤，所以我才会无法抑制地感到十分痛苦，其实这是过去惹的祸，对方只是替罪羊！

痛苦的人不等于负面。生活上每个人都会遇到阻碍，每个人都曾经历痛苦，但是重要的是不要负面。不负面的人，遇到痛苦过去得快，而且即使生活得苦都可以好好过一辈子；负面的人，遇到痛苦很难跳脱，而且即使生活得好好的，也可能还是觉得痛苦。

6月27日

不要觉得“我在受苦”，要仔细想想，这个“我”是谁？“苦”又从何而来？拼命想，拼命去想，一直想，我们会发现，都是想法在作祟，“我在受苦”是虚幻的、编造出来的东西，而我们居然相信了。

“最大的敌人是自己”，把自己当做使自己痛苦的敌人，焦点放在“我为什么要受影响？”“我一定要让自己内心强大”上，要一直这样想，充斥自己的脑海，这样就可以从抱怨对方的焦点移出来，一方面可以减轻自己的痛苦，一方面自己才有机会成长。

A书上说：“要找一个懂你的人，才会得到幸福”，听者对爱人说：“我不幸福是因为你都不懂我”。B书上说：“不要找‘懂你的人’，自己要学会懂别人才能创造幸福”，听者又对爱人说：“你看，你要学会懂别人才能创造幸福。”这就是活得痛苦的人一直在做的事——永远看不到自己的错，都是别人不对，要改的都是别人。

6月28日

要活得快乐，只要做到一件事：不要要求别人照自己的意思做。很多人就是一直做不到这点，却又一直拼命看书、上课，然后还是不愿去做到，然后又继续看书、上课，却不知道为什么无法得到终极永恒的快乐。有人会说：“不要求别人，那活着有什么意思？”先去做到，你就会发现活着真有意思。

我们要想清楚“我是为谁活？”搞不清楚难怪自己活得痛苦！

如果亲人过得痛苦，我们可以开导他，说服他，但无需抱着一定要对方改变的心态，否则对方不改变，自己就会痛苦。我们只要做到：①不要讨厌他这个样子；②好好对待他就好。

6月29日

当我们觉得爱人不爱我们的时候，我们觉得痛苦。错！事实上让我们痛苦的是，我们不再爱这个不爱我们的人。有人说“我怎么能用爱对待这个伤害我的人”，说得没错，所以我们对他不愿再付出爱了，我们心中没爱了，爱停止流动了。

某人做了一件伤害我们的事，接下来会发生什么？事实上接下来什么都没发生，什么都没改变，唯一发生的事，是心内的导演开始编剧本，编一个令人痛苦的故事，然后心就跟着剧本走了。

什么是承诺？对方承诺的事就一定要做到吗？感情这种事永远是自由意愿的，即使对方承诺了也可以改变，所以他当初的承诺是真的，后来改变也是真的，两个都是真的，都没有错，痛苦是出在自己不接受。

可不可以索取爱？当然可以，不索取别人怎么知道你要什么？得到很好，要心存感激，但是很多人都认为理所当然，难怪这种人活得不快乐，就像你给他豪宅、名车、优秀的爱人，他都没感觉，都没有感谢，这种人活得痛苦不是活该吗？

逃避痛苦是人最大的驱动力，所以大部分人不会因为别人比自己苦，自己就接受受苦！但是，能看见别人的苦而接受自己的苦，是聪明的少数人！

是的，人最厉害之处就是会自我催眠，所以当一个人在痛苦的时候，也是“处在一个自我催眠的状态”，不断催眠自己是痛苦的，所以我们如果要帮助一个人（或自己），就是要帮助他（或自己）脱离这种催眠状态！

6月30日

真相是，我在这里，要睡有地方睡，要吃有钱买东西吃，要动身体可以随心意动。活在真相里就快乐，但是人们知道却感受不到，总是活在过去、未来和欲望里，创造了苦海。

没有人是你的敌人或仇人，你唯一的敌人是自己，只有自己能让你此时此刻痛苦，而你认为让你痛苦的人此时此刻其实没做什么，所有此时此刻的痛苦都是自编自导自演。

不论你看再多的书，上再多的课，还是你自己成为导师，只要你还认为你的情绪是对方造成的，你就无法脱离苦海。

永远不要犹豫不定，不管结果如何，只要活在下定决心里，一往直前，就不会痛苦。

7月1日

我们的本体就像地球，而小我却把地表当地球。不论地表遭受怎样的伤害，地球还是不变，但是小我不知道这点，以为地表受害地球就完蛋了，所以会恐惧地表受害，所以当地表受害了会感到痛苦。

今日我所遇到的一切，我所感受到的一切，都是来自于我内在的反应与投射，我的痛苦也是源于内在的痛，痛永远不是外来造成的，而是自己从内在创造的。我感受到痛，是因为你触发了我内在的痛，与你无关。

PART ④

百毒不侵，幸福满满

恨怒嗔，欢喜受

7月2日

如果今天有只熊把家砸了，即使把你手咬断了，你虽然会痛苦，但是你不会去恨这只熊（甚至你会庆幸还活着），但是如果是人做同样的事，你就会痛恨，为什么呢？

愤怒通常是受伤害之后的表现，很多人只会发脾气防御，这样只会让事情越来越糟。你要学会表达难过，说明受伤害的地方，宁愿哭出来也胜过发脾气。这当然不是轻易能做到的，不然怎么叫修炼。

情绪是中立的，不要讨厌“愤怒”。

7月3日

通常我会跟骂男人的女人说，叫她不要骂得那么起劲，不是说不同意她骂男人的内容，而是如果男人被他骂得那么难听、那么烂是属实的话，那么喜欢这么差劲这么烂的男人的女人又算什么？只会让人说她犯贱，而且通常越爱骂男人的女人，越是想要男人。

如果心中有怒火，的确最好发泄出来不要压抑，但是发泄可以大声地对事不对人地骂，而不是人身攻击恶毒地骂，可以砸东西但不可以砸对方东西或拿东西砸对方，更不可以向对方动手。那些压抑自己怒火只因为不想把事情弄得更糟的人误会了，其实如果把火发出来可能会增加火爆度，但事后会感到平静。

一个人受伤的时候极需要爱人安慰，但人受伤的反应往往是愤怒、批评、指责，而爱人很难具备爱的能力去面对这些，往往也是防御、愤怒、反击。我们没办法操控别人，所以我们只能改变自己，我们应当表达我们的受伤，而不要愤怒地去指责对方，这样对方才有可能会安慰我们！

当我们看见有人因争执而大打出手、伤人甚至杀人的时候，我们会觉得这些人疯了。但是当我们为了一件事和爱人吵架甚至相互憎恨时，我们在本质上和这些人没什么不同，只是他们是在身体上动刀残害彼此，我们是在心理上动刀残害彼此。

想要拥有幸福，就必须去掉心中的愤恨，哪怕你有千百个不愿意，都得去原谅对方，否则，心中怀有愤恨的人，即使这愤恨跟眼前的爱人无关，还是不会拥有幸福的！

7月4日

“如果你对我好，我也会对你好。如果你对我不好，我也会全部回报给你”，这不是公平，这是仇恨与报复。如果你一开始向交往的人说这样的话，大概没人敢跟你交往，敢跟你交往的人都是找死的人。

很多人过得不幸福，为什么？因为他们不曾努力过，确切地说，是不曾努力创造幸福，但是他们对于批评指责、抱怨痛苦、委屈受害却非常热衷。

有些人会说：“我对他付出这么多，他为什么还这样待我？”这句话本身是矛盾，如果你对一个人的付出是要对方用你指定的方法对你，那叫付出吗？

愤怒是阻止自己感受到痛苦的防御机制，而且许多人的防御机制已经练到最高等级了，以至于除了愤怒，完全感受不到痛苦。

7月5日

憎恨是戕害心灵的大敌，是不断地去重温旧痛，对过去的人、事、物纠缠不休，无法自拔，没完没了。

有些家庭为了租房买房、谁该付钱而争执不已，甚至连双方的家长都跳下来参战，搞得全家乌烟瘴气。何必呢？就算最后房子的问题搞定了，但是家已不像个家了，失去了家庭应有的和谐温暖，有了房子又有何意义呢？

何为沟通？不要用带攻击性的批评语气去跟对方说话，这样做对方绝对不可能会听进去你说的话，但是很多人总以为用激烈的语气可以说得对方哑口无言，然后就以为赢了。

发泄情绪的方法：①找没人的地方大叫或埋进枕头里大叫；②打枕头或撕毛巾；③耐力运动：跑步或游泳等；④找人倾诉：把心里所有想说的话都说出来。

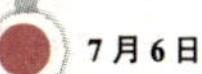

忏悔、感恩、爱，要用情操，不要用情绪。

你可以讨厌对方做的事，但不要讨厌这个人，除非对方是你一心一意想要歼灭的敌人，否则讨厌对方有什么好处。但不讨厌不代表不可以跟对方沟通。

所有的遭遇都是为了激发我们的爱，但是很多人却选择责怪与抱怨。

吃醋不会伤害关系，真正伤害关系是吃醋后的举动。嫉妒也是如此。吃醋和嫉妒只是情绪，之后回应的行为是否正面就取决于爱的逆商的高低了。

爱一个人，其实谁都会。难就难在当对方惹你生气时，你如何回应？负面的回应方式谁都会，用这种方式回应的人就是爱的逆商低的人。用正面方式回应的人就是爱的逆商高的人。

有话一定要说出来，这样就不会压抑自己，就不会让自己的心累。但是有人会反驳“这样不会造成纷争吗？”不，这里，是指说出自己的感受，而不是怪罪别人，例如，“我有难过（或心痛或愤怒）的感觉，当听你这样说或看你这样做的时候”，如此，说的是自己的问题，而不是指责对方有问题。

不要任由自己讨厌或恨一个人，要质疑自己：“我干吗让自己的情绪任由对方影响？”“事情过去了，我干吗还在气？”“我干吗那么抗拒？”等，自己才可能完全地放掉，不受影响。

7月7日

女人愤怒时，最需要的是爱，男人应该不论女人如何反抗都紧紧抱住她，就会化解她心中的愤怒。但是如果此时的男人自身也在情绪当中，就无法去做这样的事。

一个人的爱人对TA撒谎了，TA打了爱人一巴掌。你对TA说“情绪和行为是分开的，你可以有情绪，但是你要控制自己的行为”，TA如果能看到这点，那么TA有机会改变。如果TA说“情绪和行为是不能分开的”，那么TA将无法改变。

我们之所以厌恶某人，那是因为我们在他身上看见自己压抑的特质，如果我们能接受自己身上这些被压抑的特质，我们就能感受到自身的完整，就能真正感受到自身其他很美的特质，然后就会点燃对生活的热情，对生命的激情。

伤害自己的永远是自己，你要恨就恨自己，干吗恨别人。

7月8日

许多人讨厌负面情绪，但是却又摆脱不了，为什么？因为沉浸在负面情绪里比拿出行动要容易多了。

在有情绪的时候，控制不住发出来是可以的，如果想化解情绪，事后找个时间空间，重新唤起那个痛苦，全然沉浸在里面，想哭时不要含蓄，要像小孩子一样什么都不管地哭，内在的创伤才会被引发出来，然后尽情地释放情绪，心中会自然想说些话，就把它说出来。说完了，哭完了，就疗愈完了。

憎恨是出于对自己的无能感。

再次强调，情绪本身是中立的，完全没有正负之分，这可以证明，下次当你有愤怒情绪时，请你对着对方用乱七八糟没人听得懂的语言用力地骂，使劲地骂，结果你会发现，根本伤不了对方，甚至大家会觉得很好笑。所以，情绪只是能量，会伤人的是语言。

7月9日

当你攻击或报复一个人的时候，你已经没有爱了，你比伤害你的人还丑陋。

爱商是一个人对另一个人多好多付出的能力。逆商是一个人有效处理挫折与负面情绪的能力。唯有逆商高的人才能创造幸福，或许你爱商很高，问题是你逆商高吗？

力量和愤怒是同样的力量，如果把愤怒压抑了，力量也出不来。

如果一个人伤害了我们，我们对他只有讨厌或愤恨，那么我们是在逃避自己的伤痛和责任。我们失去了一个让自己的爱出来的机会。

如果我的爱人去追求自己的幸福，我也会感到痛苦，我也会愤怒批评指责谩骂对方，但仅此一次，是为了发泄自己的情绪，之后就不会再批评指责谩骂对方，会想办法疗愈自己的伤口。我或许也会要求对方回来，但是不会强求对方，更不会用责骂的方式，最后一定会接受对方的决定。

你是否偶尔也会被某件事激起情绪，激动到身体会发抖，甚至说不出话来？想知道为什么吗？

吵架是疯狂的甜蜜，理性是优雅的冷漠。

想要恢复爱的感觉，很简单，就做些让对方感到有爱的行为。

7月10日 不要说"我不想原谅对方"，你的敌人不是你恨的那个人，而是你内心恨TA的想法，因为这个想法动不了对方，却折磨了自己。

有些情绪是被触碰创伤所致，就算情绪是脑子造成的，也无法持久，能持久的是脑子！

我们平常太会压抑了，上班时对老板、客户、同事压抑，在家对长辈、爱人、孩子压抑，然后这所有的种种压抑，就很容易在跟某人起争执的时候，都发泄在他身上，而最容易发泄在亲人身上。

吵架时愤怒而攻击别人，一是为保护自己，以为这样就可以让对方停止，但这样做恰恰相反，只会更加激怒对方防御自己，也可能用同样的方式反击。二是可以逃避受伤的感觉，这是一种反射机制，人本身根本无法意识到这一点。

7月11日 吵架为什么会吵大？因为没有锁定在一开始吵架的问题。例如："你怎么可以这样做？"（问原因）"你管我！"（管人的权力）"你怎么那么自私？"（人品）"你真没家教！"（家教）"那么自私难怪做事失败。"（做事的能力），这触痛了TA原本该怪自己的失败伤口，然后TA愤怒地也攻击对方弱点。同理循环！

就算一件事值得生气，请问值得生气多久？如果不值得生一辈子的气，为何不立刻放下，而要等以后？其次，为何要惩罚自己？因为生气只会让自己不爽，而不是对方，何必这样做？就算自己生气也能惩罚到对方，那也是两败俱伤，为了割别人一刀也割自己一刀，为了烧别人房子也把自己房子烧了，值得吗？

别人批评指责我们，我们不认同觉得对方污蔑，所以我们才生气。事实上，如果我们生气了，那一定是对方说中了，否则我们怎么会生气呢？这是很多人搞不懂、看不透的一点。

7月12日

被说中缺点为什么会生气？因为我们有好坏之分，我们否定黑暗面，其实我们是对自己生气，生气自己怎么会是这样子，就好像别人骂自己矮矬穷，我们生气不是因为对方骂了，而是自己不接受自己的缺点，尤其是自己讨厌的人格缺点。

越是在别人身上看到讨厌的部分，越是要学习去接纳那个部分。比方说"觉得对方不可理喻"，要接纳"不可理喻"就像"很小气"是个特征，不是什么极恶之事，最好的接纳方法，就是偶尔也允许自己"不可理喻"一下。

对方否定我们，令我们生气的不是对方说话的内容，也不是对方的情绪，而是在于我们怎么想？我们会生气一定是因为，我们错把对方对自己行为的否定等同于对我们整个人的否定，但是我们的行为不等于我们，而且对方认为错不见得真的就错。

塞车、买票插队、同事争执、服务生态度恶劣……生气之前，思考哪些才是真正值得你生气的，例如：虐待儿童、人民遭受饥饿之苦、战争……相较之下，就可以知道这些事是多不值得生气。将怒气转向值得生气的事上，并且想想自己可以为这些情况做什么。你说呢？

很多人最讨厌"愤怒"的情绪，讨厌别人愤怒，也讨厌自己愤怒及讨厌令自己愤怒的人。虽然心理成长理论上，愤怒只是情绪，没有好坏的分别，但是真的遇到时，还是无法超然地看待它。重点是每次愤怒后要静下心想一想，接受自己的愤怒，这样以后就更容易愤怒过后很快地平静。

7月13日

与人争执之后，如何平复自己的情绪？找个时间，闭上眼睛，想象看到自己是旁观者，看见自己和对方吵架，觉察对方只是在发泄他自己的情绪，完全跟自己无关，不断重复想象，直到领悟到这点，情绪就可以平复了。

情绪本身没有对错，它是中立的，甚至对当事人而言，情绪都是好的、有价值的。例如，悲伤的情绪可以让一个人的伤心感受释放出来；愤怒的情绪除了可以释放感受外，它给主人更多的能量去抵抗或消除令他愤怒的因素；恐惧的情绪可以令人远离危险；快乐的情绪也让激动兴奋的能量展示出来。

有时候，爱一个人，就是给他一个开心的自己，至于他开不开心，你不用去干涉，他自有分寸，这是种信任。

爱你，我毫不费力，我无需讨好你，爱我，你毫无压力，你不必压抑自己，反之亦然，这就对了！

7月14日

不要去“爱一个人”，因为“爱一个人”包含索取、控制、占有，要去“让一个人开心”。

一杯冷饮如果没有味道怎么办？加味啊！在生活中刻意制造浪漫惊喜，对生活的情趣有画龙点睛的效用，有助于保持新鲜感。注意一点，男人不见得在乎“浪漫”，所以女性要制造的是“兴奋点”，也就是男人会感到开心的是什么，不要自己很开心地制造浪漫然后对方不领情，自己又伤心或气个半死。

如他不喜欢逛街，与其勉强他陪你，还不如让他留在家里或让他跟自己的朋友出去，你自己也可以逛得很爽啊。或许你会说，如果让他选那他永远不会跟我一起出去，这样我们还在一起干吗？错！你越是这样，越会让他不想跟你出去，但如给他空间，同时珍惜与他相处的时光，没有批评埋怨，那你会从中得到幸福感。

7月15日

爱淡了不等于爱已到末路，只要再重新唤起爱就好了！

如果你心中有喜欢我的感觉，请你，闭上眼睛，微笑地，体会这感觉……慢慢体会。

想要性时就找爱人做爱，这是把爱人当做性玩具。不是说想要时就不可以找爱人，找是可以，重点是在做爱的时候，要带着爱，这样才会越做越有爱。

真正完满健康的爱，不是你在时爱得死去活来，不在时万分想念，而是你不在时不想念没觉得不对，你在时感到万分开心，换句话说，不管你在不在身边都感到开心，因为我心里有你，心里有爱存在。

我们以为只要得到我们要的我们就会快乐，但是得到的东西终会成为过去。真正的快乐在于，找到我们内心原来有的东西——“爱”，因为它一直都在。

有时有人做伤害我们的事，我们对那人很生气。表面上的原因是因为那件事伤害了我们，实际上是我们以为那件事伤害了我们。而这件事真的能伤害我们吗？还是我们自认为被伤害？如果我们认为没什么事能伤害我们，就没什么事能伤害我们；如果我们认为事情能伤害我们，事情就能伤害我们；这完全取决于我们自己。

当他人说你想窃取月球时，你不会生气，因为这是你连想都不会想的事。但是，如果爱人说你常跟陌生异性聊天有鬼，你可能就会辩驳，甚至发火。为什么呢？因为这件事情很有可能发生，或曾经发生过。一般而言，越接近事实的指控，你越有可能为它发火。

你的心生病了吗?

7月16日

其实很多人在提问的时候，心里早已有了答案，提问只是为了寻找一个心理支持。

不管你是单身还是有爱人，只要心中一直渴求爱而得不到，你的心就会累！所以要放下渴求，但不代表不可以追求，就像你可以去看电影，但你不会天天想要看电影，或者非要看电影，甚至认为不看电影就不会幸福！

我觉得自己知道得越多，就觉得自己知道得越少。我觉得自己越懂得爱，就觉得自己越不懂得爱。我越希望别人给我幸福，就越发现别人给不了我幸福。我越想让别人幸福，就越怕无法让别人幸福。我越是想知道我是谁，就越是不知道我是谁。我越是想觉醒，就越是醒不来。决定都不想了……又开始想了。

7月17日

爱情为何总叫人受伤？因为人们打着爱的名义，男人想要女人成为他的奴隶，女人也打着同样的算盘，双方都希望对方能照着自己的期望过活，他们使对方成为奴隶的方法或许不同，但是私心是一致的！

很多人想“懂得爱”，但事实上他们并不想“懂得爱”，因为如果真的懂得爱，那意味着，要接受对方所有的缺点，要允许对方做任何事情，这，怎么可能？

很多人疗愈后还是有问题，为什么？因为疗愈大多是抚平过去的伤痛，抚平伤痛只解决了他对这个人的看法，并不代表他对事情的看法改变了，例如，一个人做了疗愈原谅一个背叛他的人，可他还是认为对方做的事是背叛的事，但他不知道，事实上没有“背叛”这种东西，所以从本质上来看，他还是没有改变的。

当我们说“我爱你”的同时，事实上，我们真正在说的是“我要你爱我”。

我们内心对每件事都有想完结的欲望，所以若有件事未完结，就会压到心里，而压制这些事情必须消耗大量的能量，所以会“心累”。

一个原因造成一个症状，不代表这个原因一定会造成这个症状，也不代表造成这个症状的一定是这个原因。一个心理问题的复杂程度远远不止于此，而且因人而异。

7月18日

为什么有些人很难道歉？因为他们把道歉等于否定自己，所以他在道歉时，等于在骂自己，承认自己是个差劲的人，当然接受不了，所以无法道歉。

世界上没有“为了你”这种事，“为了你”的背后都是为了自己。

人可以欺骗别人，比如说“我很好”，但是人不应该欺骗自己，比如说“其实对方还是爱我的”，但实际上任何人都看的不是“我还爱对方”，但是却不断批评指责对方，这种不断欺骗自己却不修正的行为，一定会导致自己的痛苦。

其实我们认为我们可以被别人伤害，我们脑子才有毛病，因为脑子看不清真相：我们是完美的灵魂，是无法被伤害的。我现在还在努力地让我的脑子恢复正常！

7月19日

不论是亲子问题，还是两性问题，到头来都只是一种问题：“想要控制别人”的问题。

“人就是犯贱”，这句话说得好。很多情侣夫妻，不断地批评对方，觉得对方差，但是自己死都不愿意离开对方，当然他不会承认是不愿意，只会说是身不由己，因为他总不能承认是自己犯贱吧，但是更厉害的人是：他会承认是自己犯贱，然后还是离不开对方。

爱无能的人，通常没有抱着一颗会去经营的心，只抱着有没有遇到完美爱人的心，难怪不敢爱了，因为自己没有把握，为什么没有把握，因为自己不打算去创造，而是碰运气，但是又不敢碰，怕碰到坏的，所以干脆就不碰，就不敢爱，就爱无能了。

7月20日

道歉不等于改变，很多人道歉只是为了安抚对方的情绪，但自己根本不打算改变，或嘴巴说会改变但实际上没做到，这种道歉是没用的。

很难遇到喜欢的人是因为很难喜欢自己。

如果你在亲密关系里一直委曲求全，而且你这样做并没有改善彼此的关系，那么，你该停止这样做了。

一个人如果有优越感，那么他内心深处某个部分一定有自卑感，而且他不敢承认。

一个人如果太依恋爱人，那是一种变形的两性关系，变成一种变相的亲子关系，如同孩子依恋父母，尤其是有“没有你我活不下去”的感觉的人更是如此，这是不健康的两性关系。

有人说：“唉！找一个爱人好难！”这句话是骗人的话，因为要找一个爱人一点都不难，难的是这个人要全然地爱自己，不会伤害到自己，所以他应该这样说：“唉！找一个要照我的方法爱我、照我的意思过活的人好难！”……废话，你以为你是谁啊？

表面上，我们总在寻找一个完美的爱人，但潜意识里，我们却在寻找一个能解决我们自童年开始一直未能解决的问题的人，而解决的方案就是让这个问题重现在这个人身上，然后去解决，但是当这问题出现的时候，人们却又往往解决不了。

7月21日

如果你想要得到一份梦寐以求的工作，面试官问你："你愿意面对一切挑战、不抱怨……吗？"通常你会说："我愿意"。但是很多人在婚礼上说"我愿意"的时候，通常就是以为对方会让自己幸福，或者说对方应该让自己幸福，然后就带着等待享受的心态去过婚姻生活了。

很多人遇到感情挫折就问："值不值得继续下去？"这种是逃避的问法，因为他不想问："我还要改变多少才能维持下去？"因为改变太累了，不如你给他一个"值不值得等"的答案。

世界上只有两种心态：一是安心于现状，二是采取行动，不要处于担心焦虑的心态。

我爱上一个人，或原本在一起，爱人不爱我了，我就要感到痛苦，为什么？

7月22日

心灵如同肉体一样，心灵有心灵体，肉体如果损伤了会痛，然后我们就会赶紧治疗，同样的，心灵体受伤了也会痛，痛是一种保护机制，提醒我们要治疗，但是人往往方向错误，总是怪别人，想改变他人。

如果你没有为爱疯狂的勇气，又怎么能怪对方没有为爱疯狂的勇气？

自大、自卑和"要求平等"，都是病态的情节。

很多人会说："我真的很爱他"，这真是天大的谎言，不但是恶意骗了对方，更是骗了自己，但是自己一点也不这样认为。

大家觉得你过着别人羡慕的生活，但是你自己却觉得不幸福，为什么？因为你自己的内在没有得到满足，却又不断追求外在的东西；因为你自己没给自己想要的，却不断想从别人身上得到。

7月23日

实相是不会造成情绪的，情绪是经由大脑翻译得来的。

人们所有的付出，不过是为了让自己舒服而已。

“我爱某个人，某个人不爱我了，我觉得痛苦。”很多人都会认为理所当然，但是我却想知道，这样为什么要痛苦？你说呢？

当我们爱上一个人的时候，就远离了自己。

我们要把记忆放下，记忆是限制我们现在及未来的牢笼。

你不是真爱他，真爱他就祝福他。很多人都把占有当作爱了，这就是世人心理扭曲的地方，心理扭曲的人一定招致痛苦。

我们的痛苦都来自自己的想法，唉！我们就是无法跳脱。

“在乎”不会造成痛苦，“想改变别人”才会造成痛苦。

难过是种情绪，快乐也是种情绪。为什么有快乐在的话你就不会痛苦？痛苦来自于不接受难过的情绪。如果一个人的父母去世了，他很难过，别人劝他不要难过，他还是难过，你说怎么办？

人只会对自己伤害别人的事内疚，不会对别人伤害自己的事内疚，懂吗？

7月24日

不是你要求太高，是你心里有太多批判，你越是负面，越容易吸引负面的事件。

人的痛苦不在于对方的心是否像个旅馆，而在于自己的心是否像个牢笼。

所有爱情关系，或者更大层面地说跟他人关系的好坏，就是跟自己关系的好坏。有人说他跟所有人关系都很好，就是跟某人关系不好，所以是对方的问题，错！是恰恰这一个人触碰到了别人都碰不到的东西。

你把他缺点都说完了，没有优点的人，你还跟他在一起干吗？

你要面对的不是他，而是你记忆里的伤害，这是个好机会提醒你去面对与处理，处理的方式是：你要看到对方其实没有伤害你，

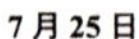

真正伤害你的是你自己对对方的要求，对方如果做了不符合自己期望的事并没有什么错，一切的痛都是来自自己的控制。

人最大的病，是心病。

人是跟人表现出来的行为相处，不是跟心里的感觉相处。如果我批评你，指责你，我要脾气，想控制你，但是我是爱你的，爱你的心从来没变过，可以吗？

人最难放下的是“执着”，不管是负面的还是正面的。

当我们受伤时，我们会钝化（封闭）我们内在部分的感知能力，以避免再次受到痛苦，这种做法的好处就是俗称的“没有付出就不会受伤害”，但是也导致人不敢爱、爱无能了。

我们爱上一个人却放不下，那一定是身上有个很大的洞，我们看上的那个人恰恰引发了那个洞的匮乏感。

7月26日

如果你一定要讨好一个人，让TA喜欢你，你就永远活得不开心。

当你越爱一个人，你就越远离自己。我不是说你不可以爱人，你可以有爱，可以爱一个人，但不是为了得到回报，不是去控制对方。如果对方成功被你控制（都顺着你），你就不可能回到自己。

你若爱我，我感受得到，我会回馈爱。你若想控制我，我也感受得到，我无法回馈爱，因为我把爱你的能量拿来摆脱控制了。

抱怨是孩子的行为，小时候向妈妈抱怨，妈妈就会让你舒服一点，但是长大后，自己要对自己负责，自己要让自己快乐，然而很多人一旦进入亲密关系，就退行到孩子的心态，永远要爱人让自己舒服，爱人不让自己舒服就认为是爱人的错，是爱人的责任。

人最痛苦的不是不知道对错，而是举棋不定。

很多人害怕再次投入感情，怕受伤害。因为他只会怪罪上次对方带给他的伤害，而且之后也没有去检讨和学习面对两性问题的解决方法，也就是说他还不具备解决问题与创造和谐的能力，这种人是该害怕再次投入感情，因为自己没有能力，而不是因为会遇错人。

爱情失败就怪是“爱上不该爱的人”，这种人真的是把自己的责任推得干干净净啊！

7月27日

有些人很会自我检讨、反省，表面上他很会自我精进，但是除了他自己的话，别人的话他都听不进去。

有人说："我要求又不高，但为什么连有感觉的人都遇不到，怎么那么难？"拜托，感觉就是内在要求的投射，要求越高的人越不容易遇到有感觉的人。

有人明明比自己差，为什么都能找到爱人？等一下，找到爱人的人不见得幸福，不要以为有爱人的人就幸福了。

当你在权衡利弊时，你就不敢为爱行动，你就不是在用"心"谈恋爱，而是在用"脑"谈恋爱，你若有爱，你就会勇敢！

有钱人不炫富，炫能力。没能力的人，炫富。

很多人觉得"爱人"好痛苦，但事实上TA根本不是在"爱人"，而是在"要爱"。所以应该是"要爱"好痛苦，那就蛮符合逻辑了。

7月28日

浪漫感动的话语看多了，就不易找到爱人了，然后就被剩下了。

"我想找个懂我的人"这句话和"我想找个人养我"一样自私，应该说"我想找个人好好懂他爱他"，相信所有人对这句话一点兴趣都没有，因为真的没有人是以给对方爱为出发点的，都是想被爱。想被爱没有错，但不要颠倒地说。所有人只会对爱人说"我好爱你"，但不会说"我好要你爱我"的实话。

一男子割睾丸让父亲绝子绝孙，看起来很夸张。其实，在灵性的层面，一个人为了另一个不是自己的人痛苦地要死要活的，也如这位挥刀自宫的男人一样夸张。

人最喜欢做什么？人最喜欢强暴自己。别人做了一件令自己伤心或愤恨的事，事情过去了，脑子却要把它挖出来，不断回忆，重复强暴自己的心灵，真是有病，快来做心理咨询吧！

7月29日

很多人会说："我只想找个爱人好好在一起，有那么困难吗？"拜托，少骗人了，如果真是这样，一点也不难，事实上这句话的背后是："我只想找个爱人，必须时时刻刻关心我，必须花时间陪我，必须包容我的脾气，绝对不可以撒一次谎，绝对不可以犯任何错误，绝对不可以不照我的意思过活，必须要懂我，有那么难吗？"

"我那么真心待人，为什么得不到回报？"嘿嘿，但你抱怨得不到回报时，就代表你的真心付出是希望有回报的，试想想，你在路上施舍一个乞丐或捐钱做慈善，你会怪他们不回报你吗？我不是说不可以要求回报，而是我们要知道，付出是我们的自由，也要认定别人不回报也是别人的自由，就不会大惊小怪了。

抑郁的根本原因是：不相信有美好未来。

有的时候我们已经遇到对的人了，但是其中一方或双方却不敢贸然前进，总是想不断确认，确认对方是不是真的就是自己要的、愿意托付一生的人，然后问题就出现了，因为这种心态会让对方感受不到爱，感受的是不被爱，而爱就是付出，确认却是挑剔，挑到最后人就跑了，或自己先跑了。

曾几何时，我们看着爱人充满着爱意，但是越到后面，越剩下无奈与埋怨。很多人认为这都是因为爱人出了问题，爱人越来越不懂得爱、不会爱了，但事实上，是自己出了问题，是自己越来越不懂得爱、不会爱了。

道歉不是为了要对方做出自己期待的回应，那是操控。

7月30日

你爱一个人几年，你就得花几年去忘掉。

任何的因都会带来相应的果，在这里我指的不是行为，我指的是心理上的态度，如果心理上种下自私、索取、控制、占有等的“因”，那么以后一定会得到痛苦的“果”，这是必然的。

很多人想“活出自己”，那么，就请你去活出自己，但是很多人都把精力花在“改变别人”上，所以一直无法活出自己，还过得痛苦。

男人永远比不过女人，因为男人是女人生出来的，所以有些男人只好轻视女人，以掩盖他的自卑。

到处告诉别人自己很优秀，以后自己要做什么，要过怎样的生活，经常说，说久了就对自己有要求了。

7月31日

当我们觉得被伤害时，其实是对方触碰到了我们的童年创伤，我们的情绪都来自于此，但是我们拼命怪罪对方，为的是防御和掩盖我们自己内在深层的伤痛，以至于双方的创伤都越走越深。其实我们的痛苦都是来自于内心自我激烈的冲突，爱人只是让这层创伤浮出来而已。

很多人的另一半对自己很差，自己也知道对方不好，但是就是离不开对方，通常这不是因为爱对方的缘故，这是因为来自被对方否定的痛苦，因为小时候父母对我们不好时，我们不但不会离开，只会更讨好父母，希望父母改变态度，自己才不会痛苦。而现在长大了遇到同样的情形，只会重复小时候的模式。

我实在很纳闷，很多人经常告诉我，他的爱人有多差、有多烂，觉得都是对方的问题，既然如此，为何不离开对方？喜欢跟这么烂、这么差的人在一起，我看有问题的是他吧！

8月1日

我们遭遇的伤害都是我们的灵魂自编自导自演的，为的是让意识升华到灵魂的层面。

为什么人遇到挫折，明知道该如何做对自己是好的却无法往好的地方走？那是因为人怕失去眷恋的东西，怕割舍依赖的感情，怕面对更大的伤痛。

我们爱上一个人时，自我就掉入一个幻觉，以为只有跟对方在一起才会有那种幸福感，如果对方没选择自己或不爱自己了，自己就会觉得痛苦，就会觉得“爱人好痛苦”。所以这时我们要非常警醒，不要把“爱一个人”和“痛苦”联在一起，不要干这种坏事。

我们对某些行为（自私、吝啬、卑鄙、无耻、没礼貌、插队等）越讨厌越有情绪，那代表我们越压抑自己身上同样的特质，就是说我们自己绝不会这样干。那么，我们就会吸引具有这样特质的人或爱人来到身边，显现给我们看，为的是让我们接受自己，但问题是很多人就很讨厌这类人，于是就过得痛苦，越抗拒越持续。

我们只想得到爱，但是不想拥有爱，更不想成为爱，因为成为爱，意味着全然地爱对方，即使对方出轨都不感到痛苦（这不是很好吗），而且还要为他高兴。相信会有人说：“我才不要呢！神经病！”是的，没人想成为神经病……所以没人想成为爱。

做人恩怨要分明，有时我们跟一个人吵架，或觉得一个人伤害了我们，我们就觉得对方很坏，却忘了对方也有好的时候，或者说因为这次的坏，所以以前的好都不算数，也不能拿来抵过。这么不公平地对待别人，导致自己的痛苦，活该。

8月2日

当爱一个人爱到“自己的世界全是对方”的时候，这不是爱，这是依赖，这是寄生虫，这是自我价值低的表现。

情商越高的人，虽然十次冲突可以宽容对方八次，但是连一次都不愿意改变自己。因为情商高的人认为十次冲突里九次都是对方的错，自己已经容忍了八次，最后一次实在无法容忍，只好分手。

什么是负面的人？就是一直想证明自己的痛苦是别人造成的、认为自己很难改变的人。

一个人如果很自责，这是因为他没有看到，一切都是天意，或许他脑子会安慰自己说这是天意，但是这不代表他内心真是这样觉得。

8月3日

我们明明知道我们比很多人幸福，但为什么很多人还是感受不到幸福？

我们经常会被自己骗：以为有了钱就会快乐；以为非要跟某人在一起才会幸福，换成其他人不要；以为有权就事无大碍了；这些都是假的，我们真正要得到与搞定的是内心。

爱吃醋、嫉妒、控制欲强的人，是真正想要甩掉对方的人。虽然表面上他们想占有对方而对方才是想要甩掉他们的人，但是吃醋、嫉妒、控制欲是迫使他人离开自己最有效的工具，所以这种人一开始就在努力甩掉对方而不自知。

爱人对我们不好、伤害我们，我们感到很痛，觉得“我这么爱你，你为什么要伤害我？”其实对方是触碰到了我们小时候“爸妈，我这么爱你，你为什么还要伤害我？你为什么要骂我、处罚我？”的创伤，我们每个人都有过这样的创伤。

8月4日

人的恐惧有很多，其中一项是：害怕展示真实的自己。我这里说的真实的自己，是全部的自己，包括自己的黑暗面，没有任何的面具。

别人从来没做错什么，只有我们自己想错一堆。

单身的人有时会想“好想找个人来爱”，事实上，这是“好想找个人来爱我”。

很多人是根据自己的良心去做一些事或不去做一些事，但是过得痛苦。叫他们改变行为，他们却认为是违背良心而不愿意，但问题是，他们对良心的定义是有问题的，而为了这定义错误的良心，往往活在痛苦里，这不叫有良心，这叫悲剧。

爱人伤害我们，我们可以反击，但要适度。可是有些人，自以为有理，所以会做出比对方更过分的事情，然后对方也会反击，最后两败俱伤，伤痕累累，想要回到以前的样子就很难了，即使分开了，也会各自带着伤痕离开，然后就怕了，不敢爱了，或者即使爱了，还会把影响作用在下一个人身上。

只会怪罪别人不对自己好的人，代表他的内心还处于一个孩子的状态，只有孩子才会要求大人无条件地对他好。这样的人需要长大，成为大人，懂得承受挫折。

表面上，热恋的情侣的眼中都是对方，事实上恰恰相反，在热恋情侣的眼中，只看见自己投射的对方，完全看不见真正的对方，只有等热恋退去以后，才开始看见对方。

8月5日 很多人很奇怪，奇怪之极，他会告诉我他爱人的一大堆缺点后，然后问我："我是不是应该继续和他在一起？"哪有销售员跟客户讲了一大堆产品的缺点后问："你要不要买？"你把客户当神经病啊？你把我当神经病啊？还是你自己有神经病？

当我们放不下某人的时候，我们可以想象如果我们继续抓着，未来会有怎么样的后果。然后再把自己和某人并列在一起，看看自己应该要选择自己还是某人？

当我们遭受批判时，真正让我们痛苦的是我们自己对自己的批判，表面上我们是反对对方的批判，但事实上我们是因为认同了对方的批判而又不接受自己身上有被批评的部分，所以痛苦。

别人什么都没做，我们的心理自己却做了三温暖，就像你是我的桑拿房，你恒温地在那里，我自己没事跑进跑出，忽冷忽热的，

8月6日 把自己搞感冒，很多人在干这样的事。

如果对别人有好感，但是死不表白，就不要期待对方喜欢自己！哪有想要赚钱还有等钱送上门的啊？

许多人喜欢批评爱人的不是，理由通常是"如果你爱我，你怎么可以这样做？"但问题是，他们不知道，每个人都有做任何事的自由，如果自己感到受伤害，那是自己的内心不够强大，是自己的问题。不认为是自己的问题的人，根本就没有机会疗愈创伤，不会让内心成长得非常强大，结果人生不断受苦。

好好笑，我想找一个人来爱我，可是对方自己都缺乏爱了，我还期望从对方身上得到爱？就像自己是个乞丐，对方也是乞丐，然后我居然以为对方会让我成为富翁？那我一定是疯了！

8月7日

很多人一直想要找到“对的人”，但是何谓对的人？自己又不是完美的爱人，如何要求遇到完美的爱人？

很多人觉得“爱人好累”，那是因为我们说是爱人，实际是想要被爱，但是对方也这样想，所以对方一直想从自己身上得到，总是想榨干自己，而跟一个总是想榨干自己的人在一起，难怪好累。

如果你等不了一个人，代表不是真爱一个人，你爱的是被爱的感觉，至于那个人是谁不重要，所以换一个人也行。不过，喜欢被爱的感觉也不是错，没有对错，只是做个区分。

表面上，讨厌、憎恨他人，是一个人的自由，但它却是囚禁心的牢笼。

欲望被满足是快乐，喜悦则源自心中的爱向外流动，而且这种向外流动是不带什么目的的，就好像你看见天真的小孩，你会逗他开心，对他好，你是很自然、很开心地去做的，并没有为了得到什么。爱情一开始的热恋也是处于这种状态，所以觉得很幸福，但是后来开始要求回报，回报没被满足就痛苦了。

无法随遇而安的人，代表自己还没有回归自己的内心。

一个人原本好好的，想着想着就难过了。很明显，身边没有别人，让自己难过的是自己，而不是自己心中所想的那个人让自己难过的。

8月8日

人的爱都有特定的对象，所以变成跟这些人在一起才有爱，不在一起就没有爱了。而日常生活中，跟爱的人在一起的时间少，所以有爱的时刻很少。

其实每个人都懂爱，每个人都有真爱，只是脑子会评判对方，对对方有诸多要求，不满足自己的期望就受伤害，然后就停止给对方爱了。

爱美强迫症往往暗示着我们心中隐藏的一些想法和秘密，无论你是哪种强迫症，都是我们抵抗这个世界的完美方式。

何为幸福？有伴侣就是幸福，单身就不幸福？应该是有爱的人就会感到幸福，没爱的人就感受不到幸福，上天非常公平，你没感到幸福，那一定是你心中没爱。

8月9日

一个人做错一件事就要否定他/她的全部吗？你的孩子做坏事你就不要孩子了吗？

受伤的往往是想占有与控制的人，但是却误认为是爱情的错而不相信爱情，“爱情”真是冤枉啊！

许多人在追求对方的时候，做了许多感动对方的事，这的确是爱，但这份爱感动的是自己。

排斥只会使事情更糟。

一个人如果不是真心想要做一件事，当然会抵抗，就会变成拖延症。

“我想要和你在一起幸福地过一辈子”，这份深深的爱，其实是想要对自己做的渴望，但是却投射到了爱的人身上。

8月10日

很多人认为爱人就是要给自己带来爱、安全感、自我价值感，这是愚蠢的想法，因为对方也缺乏，又怎么能满足你？

如果我们和内在的一些东西（爱、价值感）失去连接，我们就会有匮乏感，然后我们就会向外求，向人求，求不到就痛苦，即使求到了也不会满足，因为和内在还是失去连接。

有人其实会遇到一拍即合的人，但是脑子的阻碍太大，结果就不敢不顾一切地前进。

人最希望得到钱，得到爱，得到健康，活得快乐，然后死去，这叫愿望。错！这叫控制，控制不了就痛苦。

当你排斥一件事时，你就在增加问题的严重性。任何对事实的排斥都是痛苦的。

对事情的结果不要有期望，也就是要彻底无望，就停止了期望。

你想得到某样东西或某人的时候，其实你先得到的是“执着”，而执着是一种幻象，你却当做是真实的，当做宝。

不要拿爱当做控制爱人的借口，因为这理由也站不住脚。你会拿爱来控制同事、朋友吗？基本上你也不敢，因为你知道即使对同事、朋友说“那是因为我爱你啊！”也没人会理你，因为你尊重他们，你知道你没有控制他人的权力，但为什么你就不尊重与你更亲密的爱人？你就拿爱的理由来控制爱人呢？

8月11日 很多人都想追求“更好的生活”（better life），但是如果一个人不能享受当下，他永远都不会满足，也永远停不下追求更好的脚步。

有人号称“刀子嘴，豆腐心”，拜托，刀子嘴把人的心割伤了，然后说自己的心是豆腐做的？这就好像说“手段毒辣，菩萨心肠”，真是鬼扯淡！不要为自己错误的行为找借口，偶尔就算了，情绪激动就算了，如果平时都这样，根本是有问题的，这是不负责任的表现。

如果你要很费力地讨好对方，对方不是你要的对象；如果你很想控制对方，你不是对方想要的对象。

有些人害怕下决定，怕决定错了浪费时间。废话，谁喜欢错？谁喜欢浪费时间？没人喜欢。这种害怕下决定的人的问题是，最好不要失败，绝对不可以走错以免浪费时间，也就是不愿付出任何一点代价、不愿吃苦的心态到了极点，有这种心态的人不会成功，没有成就，是活该。

8月12日

人们无法满足自己的欲望时，会感到沮丧、生气。当人处于爱情的感觉当中（包括单恋）时，人们会把沮丧的感觉误认为是爱情的证据，因此，越是遭遇挫折，越是觉得爱对方，越是觉得依赖。

人们有时会不知道该怎么办，脑子和心想的不一样，到底要听谁的？表面上是抉择的问题，事实上是怕得到差的结果的问题。讲难听点，别人不怕承担后果就去尝试了，错了再改。而你是非要有好的结果才敢行动，否则就不敢行动，但问题是没有时光机能看到未来给你保证，所以你迟迟无法下决定。

当你羡慕别人时，这是小我在羡慕，灵魂一点都不在乎这些你羡慕的东西。

8月13日

如果你认为对方是欠你的，你就会恨他，这是你“想要操控别人生命照自己意思过活”的报应。

要看到对方伤害自己行为的背后，其实也是出于受伤，也是由于对方没有接受爱的教育成长的结果！

喜欢怪罪他人的人，就一定会得到“觉得痛苦”的报应！

不要把“不懂爱”等同于“重感情”，人之所以会受伤害是因为缺少爱，但是几乎所有人都认为是因为“有爱”才会受伤害，这是人一直无法跳脱的误区，即使有人认同“会痛的不是爱”的道理，也不代表就做得到。

如果我们不小心踩到一个人，虽然我们不是故意的，即使对方生气，我们还是会道歉。但是如果我们做了些事情，无心去伤害但是却伤害了爱人，爱人抱怨了，很多人会因为不是故意去做的，就拒绝道歉。为什么大家对陌生人更友善，对爱人却更吝啬呢？

有些人看了书，做了改变，希望对方回来，这，还是为对方而活，这种改变是假的。

当我们“看中”一个对象的时候，我们就掉入“孩子对父母”的投射，我们会好希望对方爱我，如果对方不爱就很痛苦，就像不被父母爱一样痛苦，所以会一直执着。

看了有感觉是很棒的事，代表内在有些东西松动了，而要剔除这些东西，有时会痛的。

8月14日

你没发现你没变，还以为你变了吧！以前你以自己为中心伤害了对方，现在又以自己为中心想挽回对方，你还是没有爱对方。

不要逃避自己真正想做的事。

“索取、自私、控制、占有、爱比较”，如同病菌，当人感染了，铁定生病。

剩男的要求也很高，一群人总往高处看，怎会对上眼？所谓对的人，也是内心要求的投射，因为要求高，遇不到符合要求的，所以对的感觉出不来。

如果你想要你的爱人照你的想法来生活，你们一生会有永远吵不完的架。

8月15日

有人说：“谁认真了，谁就输了。”表面上是看谁认真去爱谁就输了，错，是谁认真爱的同时也更认真地在索取爱，得不到就痛苦了，所以正确的说法应该是：“谁认真索取爱了，谁就输了。”

现在的人们越住越近，但是心灵却越来越远，所以每个人都感到孤独，但是两个孤独的心灵有了感应，从此就不再有孤独感，所以每个人都想要找到灵魂伴侣。但是很多人用脑在找对象，结果大家都用脑，感应不起来。或者找到了符合脑的标准的人，但是心灵没感应，在一起之后，最终还是起争执，以分手告终。

常考验爱人的人，其实是想回到小孩的状态，喜欢考验父母是不是爱他。

以前我不敢爱，是因为我怕受伤害；现在不敢爱，是因为怕你受伤害。只有等到没人能伤害得了我、我也绝对不会伤害到你的时候，我才敢爱……那岂不是要等我变成耶稣了？

8月16日

不爱对方却跟对方结婚或继续在一起，是最不负责任的行为。

很多人，因为得不到爱的人，感到伤心难过，认为是因为“好爱他”的缘故，我说这不是爱，他却强调“我是真的爱他，相信我”，我无语了，因为这真的不是爱，但是这种人是不会信的，然后他们就继续活在“爱的痛苦”里，他们疯了。

为他人牺牲自己的性命，根本不是爱。如果你为了救母亲，你会拿妹妹的命去交换吗？如果你真的拿妹妹的命去交换，也不会有人称赞你伟大。但是如果你拿自己的命去交换，居然有人认为你伟大，这是扭曲，因为你不重视自己的性命，应该要受责难才对，但是没人敢指出来，因为说实话的人会被烧死。

不要感情遇到问题就只会问要不要继续下去，这种态度的人交往 100 个爱人都会分手。因为这种人只会想“要不要继续？”而不是想“我要如何解决问题？”更不可能想“我非要把问题解决不可！”

一直想从别人身上得到的东西，一定是自己没给出去。

为什么有些人不断向人哭诉，哭诉完之后也知道自己的问题在哪里，但是就是一直不改变？

人们总是把控制等于爱，然后假借爱的名义要对方改变。

8月17日 你对人好如果只是出于自然，你就不会累，如果你是为了讨好，那你就会很累。

有句话“你若不离不弃，我必生死相依”，这句话本身是有问题的。拜托，为什么要别人先做到自己才做到，这是交换，这是谈条件，这不是爱。若真心爱对方，请说“我已生死相依，愿你不离不弃”。

我是用比较深的层次去看的，从这深的层次来看，“我爱你！”也是句谎言，因为人最爱的始终是自己！

人很矛盾，男人讨厌贪钱的女人，女人讨厌贪图美色的男人，但是男人努力变得有钱好吸引女人，女人努力保持美色好吸引男人。

做自己为什么这么难？因为我们无法不讨好别人，因为我们怕别人不认同我们。

8月18日

每个人都可能得过抑郁症，确切地说是出现过抑郁的症状。平常人遇到一些痛苦的事情，抑郁症的症状就出来了，但是很多人后来都自行走出来了，所以根本就不知道自己曾得过。

用心理学的眼睛看世界很有趣，那些遇到空中管制骂空服人员像骂街一样的人，只证明一些事：①心情不好：可能今天刚遇事心情不好，或这两天心情不好；②脾气暴躁：天生属于脾气暴躁的人；③生活得不快乐：这种人一定活得不快乐，所以遇到可以骂街的机会，压抑的能量就会乘机爆发。

很多人看别人的问题都很清晰，但自己却无法面对或处理自己的问题。为什么？我有答案，因为别人触及不了自己的创伤，只有跟自己亲近的人才会勾起创伤的感觉，而这种感觉一旦被勾起，我们就会有情绪，一旦有情绪，就会有不和谐的行为。

8月19日

心理研究发现，一大群人在一起，如果“外来人”做出一些讨厌的行为（例如：喧哗吵闹、不守秩序等），会感到愤怒，但是同时对于做出同样行为的“自己人”（自己国家、自己公司、自己朋友、自己家人等），却会视而不见或一笑置之。这种偏见行为叫做“对外部集团的错误认知”。

恐婚症不是恐婚症，是“怕付出代价症”，天下没有白吃的午餐，想要结果，凭什么不敢付出就想得到？

其实吵架是在释放压抑的能量，释放完了就好了！

每个人的爱的语言不一样，你就爱他原来的样子就好，硬是希望他变得跟你一样是庸人自扰！

没有改变不了的事，除非你相信你无法改变，或者你不想承担改变所要付出的代价。事实证明，不管你现在是否痛苦，只要还在过日子，就代表你能承受，所以不用改变。哪天如果觉得实在无法承受了，就会改变，或自杀，自杀的人就是因为相信无法改变。

有些人认为已经很有成就的人还是爱较真是个性的问题，没错，有可能TA一直想得到的不是大家的肯定，而是来自父母的肯定。所以如果想要根本解决爱较真的问题，要去找出爱较真的根源并处理掉，否则其他的方法都是治标不治本。而要找出根源的问题并处理掉，建议去咨询心理专家。

8月20日

任何人都可以在一起！如果两个人都缺乏安全感，那就给予彼此安全感！如果男生不主动，问题是你要如何让他主动，而不是找了一大堆证据叫他主动，要用好的方式，例如称赞、撒娇，而不是说教、批评！

我们都希望自己是对方的唯一，这种需求不是出于爱，而是出于匮乏与占有。

爱是源自内在，当自己心中无爱或爱不够时，需要有外界给予的爱，才会有安全感。

男人最怕给承诺，因为怕承诺了没做到会被骂负心汉。

做满足对方安全感的行为，并做计划朝“在一起”迈进。

8月21日

成为大树！经济上能让家人依靠，精神上让家人有安全感！

很多人拼命赚钱，最后其实还是在干一样的事：吃喝拉撒睡，只是钱多的时候，干这些事情心里有安全感，但是，安全感是不需用钱买就可以得到的心理状态。

安全感的来源有两方面：一是向外求，例如，缺钱就希望找个有钱老公，缺爱就找个人来爱，但是这种向外求的不保证能得到，或得到也不见得能满足；二是向内求，也就是不要往外求，不要向外去索取，一切靠自己，要钱就自己努力稳定地赚钱存钱，要爱就要懂得一个人的时候好好地爱自己，让自己活得开心！

快乐选择，幸福生活

8月22日

很多人经常问："要选择自己爱的人还是爱自己的人？"我的回答是：我永远只选择我爱的人（我怎么可能会选择一个我不爱的人？我有毛病啊？这简直是匪夷所思），你的命运你自己决定。

许多人在等待更大的快乐时，让小小的喜悦溜走了。

快乐一直在那里，你还在苦苦寻找吗？想让自己快乐，不如问问自己："我是在哪儿遗失它的呢？"

真正活得快乐的人，不是拼命证明自己是对的，而是能原谅对方是错的，虽然对方的确是错的。有些人会认为，对方明明做错，怎么可以原谅？但你有没有想过，你的"不原谅"能伤害谁？除了伤害你自己，你伤害不了任何人。哪天当你了解什么是原谅别人的时候，你又开始不原谅自己了，因为过去折磨了自己。

8月23日

重点不是你拿什么手机，重点是你跟谁讲话；重点不是你跟谁讲话，重点是谁会听你讲话；重点不是谁会听你讲话，重点是你是否愿意跟他说心里话；重点不是你是否愿意跟他说心里话，重点是你是开心还是痛苦地跟他说话；重点不是你是开心还是痛苦地跟他说话，重点是你活得开不开心。知道重点了吗？

回想美好的记忆，可以带来正面的能量，这个能量不但可以让心情舒畅，甚至还可以激发细胞自我修复的功能，治疗好疾病。

真正的付出是快乐的，而且不求回报，因为不求对方的回报，所以快乐，也不需要别人的赞赏与肯定。

国外的研究发现，快乐的记忆或爱的能量，能向全身散发正面的频率，激活细胞修复的能力，加速细胞治愈的速度。

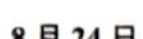

8月24日

做开心的事，开心地做事。

是不是爱上一个人后，就要不爱自己？就要因为对方不理自己而痛苦地活？还是不管对方是否理会自己，依然要活得快乐？

我允许别人不尊重我，因为我真心不在意，因为做出不好举止的又不是我，我又没变，我干吗不开心，所以我活得开心，这才是幸福的真谛。

因为我们自己不给自己笑声，而要别人让我们快乐，所以一旦对方没满足我们了，我们就痛苦了。所以要让自己成为自己快乐的源头！

8月25日

当我们感到快乐的刹那间，是不会意识到所谓的贫富贵贱胖瘦的，这是快乐的真谛，因为快乐源自内心，不是来自条件。但是脑子却以为是这些条件使心快乐的，所以不断追逐条件。

能量最高的，不是正能量，而是开心的能量，所以一定要让自己开心，可以看喜剧，看笑话，讲笑话，做自己喜欢的事，吃喜欢的食物，尽量远离负面新闻、悲惨影剧、消沉抱怨的人。

如果叫一个人写下一天开心的事，如果没有发生什么事，他就写不出东西来。问题就在这里！他不知道，活着就是件最开心的事，没人能体会到这点，所以大家就拼命追求想要的东西，拼命向人索取，拼命想要控制别人、控制生活，结果不满足的时间多，人就无法活得快乐了。

很多人已经活得很好了，至少衣食无忧，但是他仍感受不到恒久的快乐，为什么？因为脑子，脑子告诉你："如果你满足现状，你就是无能的人，而你应该卓越！"所以每个人都一直被"更好"驱使，不断追求，无法满足现有的，就像驴一直追着吊在面前的胡萝卜一样，停不下来。

生命很短暂，我们值得活得开心，而想要活得开心，就不要希望别人照着我们的意思给我们什么。

有人问我："你是心理咨询师，为什么连自己的婚姻都搞不定？"我说："就是因为我是心理咨询师，所以我让自己活得快乐，我搞定了！"

如果今天是世界末日我会做什么？我会享受当下在做的事，可能是吃饭、看电影、上网、看书、跟朋友在一起等，享受当下！

8月26日

世界末日到了，是的，就把今天当做过去自己的世界末日吧，让过去所有痛苦的记忆、愤恨的情绪、不良的思维、负面的习惯等，都在今天灭亡吧，今天过后，明天是个全新的自己，重生的自己，为自己的生命打拼，凡事靠自己，为自己而活，放别人自由，就一定会活得开心。

可以要求自己说话算话，不用在乎别人说话不算话，这是活得快乐的真谛！

与人谈感情，能量顺的事情就做，能量塞的就不做，不要管脑子想什么。如果一个要求提出来，自己做了不开心，或对方做了不开心，就不要做，但是不做脑子会不开心，那就修理自己的脑子就好，而不是修理对方。因为本来两个人分开过是好好的，证明两个人本来的活法没啥问题。

8月27日

有些人过得不算很得意，但是过得也不差。那为什么还是过得不快乐？那就看他每分每秒脑子在想什么或在回忆什么？在重复体会什么情绪？不管是想未来还是回忆过去，挑负面的来想当然不快乐，甚至会痛苦。有大便和苹果可以闻，为什么一定要挑大便来闻呢？

焦点在哪，情绪就在哪。很简单，换个焦点，刻意想些开心的事，多想些开心的事。不要说做不到，要努力去做，就会做到了。

很多人想要“创造自己想要的生活”，很多人也成功地创造出来了。这是在小我世界上的成功，但事实上，我们不需要去创造什么自己想要的生活，都可以过得快乐，一切的创造都是在满足小我，因为“心”不需要任何外来的东西，有吃有喝有睡已足够。

我们要一直往内心找，要相信内心拥有一切想得到的快乐，朝着这个方向努力，当找到的那一天，就会笑得合不拢嘴。

8月28日

你想要做个好人，但是过得很累？还是想要做个完整的人，过得很轻松？

所谓笑看人生，就是要我们笑着看看，原来人们身上会有情绪发作，原来人们习惯沉浸在自己的情绪里，我们就是看他在演绎他的情绪，有的人还演得很夸张，我们干吗掉进去跟对方的情绪搅和？

很多人认为“没有钱就不会快乐”，这是负面的想法，一大堆有这样想法的人还彼此认同，还不断污染跟他们想法不一样的人。

很多人认为，只要他们实现了愿望他们就会快乐，这是天大的谎言。只有能享受现在的人，才会快乐。

虽然有人因致力于获得外在的东西（金钱、爱情、名权）而活得快乐，但是不要被骗了，这不是真正的快乐，因为这种快乐是建构在外在条件的基础上的，一旦外在条件崩溃了，此人的快乐会立刻消失，虽然对有些人来说，由于他的努力，这些不太会崩溃，所以他可以一直活在对他来说是真实的假象的快乐里。

一个人愈是不追求，愈是能感到快乐。想要追求的心愈强烈，这个人就愈是无法感到幸福。这里追求的心指的可能是内在也可能是外在的追求。所以要放下追求，一放下追求，心情就轻松了，但是你依然可以去做本来为了追求所做的事，只是心境不一样了，只管把事情做好，原本追求的东西就会水到渠成。

8月29日

我们想要真正活得自在快乐，就必须从欲望中解脱出来，但问题是，虽然每个人都向往活得自在快乐，但是很少有人想从欲望中解脱出来，因为欲望的满足实在是太爽了，没有人想放下欲望。

放下追求（不是放弃，那是逼不得已），做快乐的事，快乐地做事，追求的东西就会出现。

人活在世上的目的就是，要活得快乐。放下“追求”，做喜欢的事，一个人觉得一个人活真快乐，两个人觉得两个人活真快乐。如是而已！

“娶妻生子”是一种选择，“自由自在”也是一种选择，你有行使选择权的自由，别人也同样有行使选择权的自由。不是说别人的选择跟你不一样，你就说别人不人性化，借由贬低别人来显示自己是对的。

8月30日

因外在的东西（金钱、爱情、名权）而活得快乐，是不是真心的快乐？能持续多久？

想要活得幸福快乐吗？很简单，不要怪罪别人。做不到吗？那你只好过得痛苦无奈。

只要自己说的是真的，就无需在乎别人的想法。也允许别人有不相信的空间，自己活得开心比改变别人重要！

活得不快乐的人就是有问题，就需要改变。活得快乐的人不管有没有问题，可以不需要改变！

我通常很乐意听人安排，因为这样我就省事了，但是如果我不想做我也会拒绝。我不会因为别人的情绪而改变我的活法，你也只要坚定你的活法不受影响就好了。

8月31日

想要活得开心，首先要会感谢，先想想你感谢什么吧？不要认为所有得到的都是理所当然。

幸福就是，有一股爱，从心中源源不绝涌出来，流向他人，这就是幸福，向人索取爱是不可能觉得幸福的。所以想过得幸福的人，不要再去索取爱了，当一个人向别人索取爱的时候，他就把幸福交在别人手里，自己就再也控制不了了。

要觉得自己很好，真心觉得自己很好，哪怕自己什么都做不好，哪怕没有四肢，还是喜欢自己，那就活得快乐了，然后一个快乐的人就可以为自己创造很多精彩。

想要快乐？那就让追求心灵自由的欲望胜过其他一切的欲望，然后努力去追求就好了。如果我们看看我们每天追求的事物以及采取的行动，就不难发现我们为什么不快乐了，因为没在做跟追求心灵自由有关的事。

很多人会想，如果某个人对我好一点，如果某事发生，如果钱多一点……如果这些实现了，我就会快乐。天哪，这是人们对自己设下的最大骗局，因为当这些都实现后，如果缺乏爱，还是不会快乐。是的，会快乐的唯一途径，就是拥有爱，不是索取爱，放下对“如果”的追求，去拥有爱。

追求世俗的渴望会导致苦难永续不断，唯有追求内心的渴望，才会满足快乐。

9月1日

如何活得快乐？要放下心中的仇恨，怀着仇恨的人是无法好好生活的，而这仇恨会一点点把心吃掉，唯有原谅那些所有伤害过我们的人和事，我们的心才得以自由。这是可以做到的，因为在我们每一个人的心中都拥有最伟大的力量——“爱”。

快乐是靠“拥有”才能持久，而问题就在这里，大多人认为“拥有快乐”要靠“得到”某个东西，但是得到后，快乐最多持续两个星期，就又没快乐了，然后又开始不断去追寻，永无止境。

怎样才有幸福感？这个问题快被问到烂掉了！不如换个问法：“怎样才不会感到幸福？”那简单——①觉得自己的痛苦都是别人害的；②不要满足，追求更好更多的东西；③借爱的名义为别人而活，没有活出自己；④觉得别人应该照自己的期望做；⑤只会抱怨却不敢去付出行动的代价；⑥只有索取没有不求回报的付出；⑦不相信未来会更好。

9月2日

幸福与不幸福，多半来自内心的感受。幸福是一种想法，一种心念，一种感觉，一种气氛，更重要的是，你是否把幸福的种子，播种在自己的心田呢？

“改变自己，决不可怪罪别人”是获得幸福唯一的道路！

PART ⑤

接受伤痛，疗愈爱

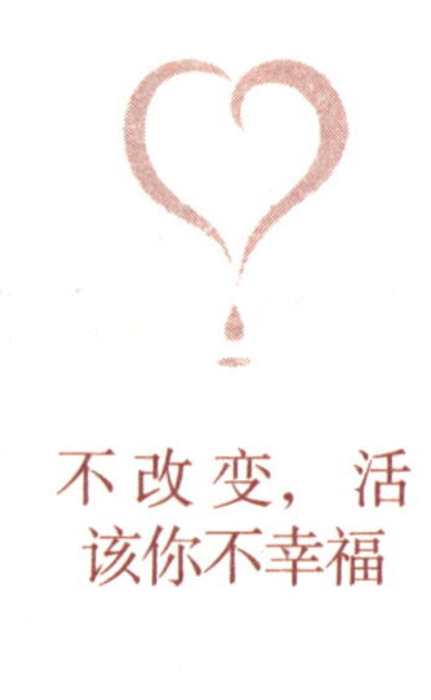

不改变，活该你不幸福

9月3日

如果我们要求“凡事要自我负责，不可怪罪他人”，那么，反面就是“凡事不要理会他人，他人要对自己的情绪负责”，也就是对于他人的情绪可以“不负责任”。正反面都要做到，才能解脱。

不是“我希望拥有爱，成为爱”，而是要知道“我本身就是爱，我拥有很多爱，只是被一些障碍卡住了，还没有完全出来。”

不要：只要生不要死，只要得不要失，只要聚不要散，只要乐不要苦，只要爱不要恨，只要好不要坏，只要善不要恶，只要正能量不要负能量。我们要接纳二元的整体，才能解脱，才能永不受伤。

9月4日

有些人会告诉你，“真正爱你的人会……”，不要被骗了，这种话只会残害人的心灵，只会让人以为问题都出在对方的不够爱。错！一切的痛苦只会来自自己，任何认为对方有问题的话语都不是在帮助人觉醒，只会帮助人的心灵往低层次走。

通常女闺蜜很难帮助女人，因为女闺蜜都会站在女友的立场，同样认为是男的错了，于是更加强受害者的痛苦。

很多人喜欢看心灵鸡汤，因为鸡汤喝下去让人觉得舒服，但是却无法让人醒来。如果想要醒来，就要主动去面对不舒服的事情，想办法解决，不能解决的也要想办法换种心态去看，直到面对时不再不舒服为止。

有些人感情遇到问题就问“有没有继续下去的必要？”却不解决两个人之间发生的问题，这种人根本不想改变自己，不懂得成长。这样即使分了，下一段恋情照样会出问题。

有时候两个人吵架为了面子都不愿主动和解，这种人为了面子而痛苦是活该。想和解想不痛苦就要放下面子。如何放下？要改变想法。改变什么想法？就是不要把“主动”想成“低头”，要想成“化解”，去当化解高手吧！

有些人的焦点在“他以前都不会这样”，“他是不是不喜欢我”，这些焦点都完全错误。这对你完全没帮助。你应该把焦点放在“我应该改正我的缺点，提高我的逆商”上，才会对事情的发展有帮助。

9月5日

每个人都难免会回忆过去，不要影响到现在的生活就好！

不入虎穴，焉得虎子？不冒爱情受伤的危险，焉能找到好的爱情？

你还没搞清楚，真正伤害你的是你自己，是你的想法，是你看事情的角度与态度，如果害怕被伤害，你就要改变你之前对事情的看法与态度才行！

想要快乐幸福的人，必须要有非常认真且严肃的态度。对快乐幸福真的抱着非常认真与严肃态度的人，就会明白与了解，想要快乐幸福，必须从自身做起，必须从自身找责任，必须知道所有的情绪都是自己造成的，必须改变自己看事情的角度才行。而不是假借我要幸福的名义，责怪都是别人害TA不幸福的。

9月6日

“太爱对方”的人容易以对方为中心，没有了自己，这样的结果会导致：①如果受伤会放大，因为深层有种感受“我都没有自己了，你怎么可以这样对我”；②没有自己的人会没有魅力，所以有的人即使很付出，对方还是离开了，因为你没有魅力了。所以不要“太”爱对方，而要“好好”爱对方及自己！

这就是两性关系中经常发生的问题，给对方自己认为是最好的但却不是对方想要的，对方是不会感受到爱的，唯有用对方的方式去爱，对方才会感受到爱。嘴巴口口声声说爱对方，但是只坚持用自己的方法而不用对方的方法，这算爱吗？

许多伴侣之间最大的问题，不是他们所叙述的问题，而是在于他们彼此之间没有了爱，所以他们所说的问题才变成了问题，同样的问题发生在他们热恋的时候都不是问题。想要恢复爱的感觉，很简单，就做些让对方感到有爱的行为，但问题又出在双方不愿意去做。

9月7日

很多人只会说“好难”，这种人还不是“光说不做”的人，根本是“不说不做”的人，所以从没成长过，他们总希望个性是自然的转变，而不想付出努力，当然还没做就说“好难”。

正能量不是靠吸取的，是靠自己生产的，就是改变自己的思维。

许多人在恋爱的时候，为了对方而改变自己，会做一些自己平常不会做的事，虽然这时候做这些事完全是自愿的而且没有怨言，但是这就是以后会造成问题的地方，等感情稳固后，这些自愿就会不见。所以，在热恋期间，不管是不是自愿，越不是做自己，以后会发生问题的几率越大。

人的问题不是出在有没有信仰，而是出在以自己为利益中心的思维。就算有信仰，很多人根本没在做。例如，每个宗教都叫人要宽恕，但是当别人伤害自己的时候，很多人不宽恕，这些人就会说：“这跟信仰无关，对方不能干这样的事！”那什么是跟信仰有关的？

人要活得快乐，就要把“尊重”拔高一个层次，就是允许别人有言论的自由，意思是允许别人对我们有批评指责并保有他的想法的权利，我们不用理会也不用去硬要改变他，就当疯子在说话，何必跟疯子较真呢？会跟疯子较真的，都是疯子真的戳中了自己的自卑感。

如果想要找安慰，就找能说话让自己舒服的人。但是如果想要成长，就找说话让自己不舒服的人，因为自己不舒服通常是因为对方说对了或对方触碰到自己还未抚平的伤口，否则，自己是不会有情绪的。

9月8日 为什么对发生在别人身上的事情，我们可以不受影响，而面对发生在自己身上的事情，我们会受影响？大多数人会回答："废话！一个跟自己没关系，当然不受影响；另一个跟自己有关，当然会受影响。"问题就出在这，事实上两个都跟"真实的自己"无关。

改变自己的思维，就是要坚决相信别人不欠我们什么，别人做了什么或者没做什么，我们可以有情绪，可以痛苦，但要自己调适，绝对不可以怪罪对方。

不管别人有没有对我们负责任，我们要为自己的心情负责任，也只有我们自己才能改变自己，这一点是可以确定的。

女人之间会分享或者喜欢看关于什么是好男人的文章，什么是一个真正喜欢你、真正爱你的男人的文章。哎！拜托，这种男人不存在，这种唯美的文词是毒瘤，这就好像你告诉一个独裁统治国家的国民什么是一个自由的国家一样，这是在让他过得痛苦，而不是在让他活得快乐。

9月9日 如果想要对方听进自己的话，最重要的不是自己说话的内容，不是自己讲的有没有道理，而是对方听了后的感受是什么？

最大的敌人是自己，别人可以说你，但真正残害你的是你自己，因为你的脑子本来可以不理他们，但是你的脑子却帮他们残害你的心。

课堂上我经常要求每个有伴侣的人，想一件事，做了会让爱人开心的。结果大家都说出来了，然后我问："为什么不去做？"大家哑口无言。事实上，每个人都有让爱人开心的能力，可以让彼此关系更幸福和谐的能力，但是问题就出在不去做，而破坏关系的事做一大堆。

9月10日

很多人觉得很爱对方，很想得到对方，这很明显是爱自己的行为，但是却误认为这是因为爱对方的缘故。所以几乎所有人的爱，都是在爱自己。

活得不幸福的伴侣，他们的问题是，他们都非常明白对方的问题在哪里，唯独不明白自己的问题在哪里。或者说即使他们知道自己的问题（例如脾气不好），但是最后还是归咎于对方（如果对方包容一些就好了）。不然就是知道自己的问题，但改不了。总之一句话，过得不幸福的人，都是不愿改变的人。

一个人随时随地想着什么，就会行动什么，就会收获什么。有人想着赚钱，有人想着学习成长，有人想着爱情，就会各自有收获。或许有人会问，我随时随地想的是爱情，为什么还是失败？那是因为他想的是索取而不是付出，想的是挑对方哪里做错而不是肯定对方哪里做对，想的是要对方让自己幸福而不是自己让对方幸福。

很多人会说“道理我都懂，但是做起来好难”，甚至会说“但是我做不到”。说这话的人是自曝其短，他证明自己是光懂不做的人，是不愿很努力去做的人。他或许尝试过，但觉得好累就放弃了，然后从此到处叫嚣“道理我都懂”。对我有益的道理，我现在从来不说“道理我都懂”，我只会说“我会努力做到”，因此，我做到很多。

爱情不是按照对方的要求打造自己。

无人能创造我们的幸福、无人能造成我们的痛苦，除了我们自己。

9月11日

每个人要学习的不是如何跟讨厌的人相处，而是如何跟自己相处。因为人大部分的时间都是与自己相处，而自己一个人的时候还觉得不快乐，这时没有别人，造成自己不快乐的，不是自己是谁呢？

很多人说“我知道，但是我做不到”。不好意思，那就代表你不知道。就像“知道”孝顺，但做不到孝顺的人，没资格说他“知道”孝顺。

为什么我们会受他人说什么做什么的影响？因为我们没有回归自己。只有自己回归自己的中心，才能看见不论别人说什么做什么都与自己无关，自然就不会受影响了。

想要幸福就做两件事：一是去爱别人，二是爱自己。千万不要“要别人来爱我”。你越要，痛苦的几率越大。

9月12日

我们爱上一个人，觉得他很好，这也是自我内在的投射，即对方拥有越多我们向往的品质，我们就越会被吸引。但是我们要看到，这些美好的品质，我们自己身上也有，我们要做的功课就是去看到自己身上的这些品质，并且活出来，胜过得到对方。

如果对方不喜欢你是因为他觉得你不够好看，这也不过是事实，你不该自卑。换个说法，如果我说：“你不会拥有幸福，你无法成功自信，你只会消沉，你的父母也会因此感到抑郁，你和你父母以后的命运就是如此，因为，你喜欢的人觉得你不好看！”请问你会如何回答？

不是“关心越少”，活得越久。是“控制”越少，活得越久。

为什么事事要顺你心呢？要把不顺视为没什么大不了，把顺心视为值得感谢的事，你会发现，你开始活得不一样了。

9月13日

不论我们羡慕谁，对方身上有的特质，我们自己身上也有，只是被我们限制住了，我们要唤起自己这些美好的特质，而不是找个这样的人来爱。

你完全搞错了。你是认真想“控制”（你认为是爱）对方，所以你一定会受伤。你说你“不敢再爱”了，你又误会了，你应该要做到的是“不敢再控制”了。

许多人一直希望得到别人的肯定，因为自己还没有全然肯定自己。

找自身的问题是最最重要的，自己不改变，换再多人都一定铁定会出问题。

重点不在论对错。我同意你的说法，但是然后呢？拿我的话去跟他/她说，证明他/她是错的，然后要他/她改变？人永远要改变的是自己，他/她给你一个很好的机会去磨炼适应这种人，加油！

当你觉得无法驾驭对方时，那是因为你无法驾驭自己。如果没人能驾驭你，那还是因为你无法驾驭自己。

很多人需要别人的肯定来证明自己的价值，错了，我们自身就很有价值，我们唯一需要做的是，自己要看到这点。

爱情有酸甜苦辣，你不能只要甜，不要酸苦辣。

9月14日

发生的一切事情，除了自己和自己的思维，没有其他人，其他人都是假的。

只要我们焦点一直在我们的问题上，就没有了自己，也看不见自己，更察觉不到自己的问题。若要解决内在的问题，请把故事中除了自己以外的人物全部拿掉，看看自己在干什么？思考的时候一点都不要有其他人物存在。

人在情绪低落时对什么都毫无兴趣，正常。不要急着"恢复正常"，要急着"正视痛苦的来源"，改变对事情的看法。如何改变对事情的看法？那就是不要怪罪任何人，任何事发生都是正常的，可以自认倒霉，然后赶紧把焦点放在未来该做的事情上，付诸行动。

9月15日

对人有期许是正常的，但是对方有的做得到，有的做不到也是正常的，你总不能要对方每样都做到吧？同时，做人要公平，你叫对方写下对你的期许，你也要做到才能要求对方做到，但是很多人只管对方有没有做到，却不管自己做不做得到。

"如何面对一个负面思想、负面能量的人？""我要如何做到关照自己与他人？"遇到困难的时候就是要问自己类似这样的问题，而不是拼命怪罪对方，这样只会更加愤恨，自己也跳不出来，成长不了。

不要去怪别人，别人根本没问题，问题根本在自己身上，自己居然因为别人说了什么或做了什么，自己就受不了、愤怒不已或苦不堪言，天啊，我真受不了这个一点都经不起风吹雨打的自己，真想把他一巴掌拍死。

9月16日

许多人都说“我想要这样的生活”，“我想要那样的生活”，“我想要更有钱”，“我想要幸福”，等等。但是观看他们自己每天干的事情，很少或者甚至没有一样跟增进这些有关的事情，更多的是埋怨。

想象自己是个有钱人，走在路上时，看到想要的东西，就想象“嗯，我要买这个，我要买那个”，不要认为“这个买不起”、“那个买不起”，想要成为有钱人，先要把自己的心成为有钱的心。

一颗破碎的心，如何去爱另一颗破碎的心？两颗破碎的心如何能创造幸福？所以我们要先修复自己破碎的心，而不是找个爱人来修复。

有些人有勇气去死，居然没有勇气改变。不要再当好人了，与其当好人地死去，不如当坏人地活着。

我们会伤心都是因为认为别人是错的，或者事情是错的，所以我们要学会正面的思维，才不会容易伤心（这里不说正确的思维，因为每个人都认为自己的思维是正确的）。

你想感化谁，你想说通谁？你不用感化任何人，也不用说通任何人，你唯一要感化的是自己，你要说通的也是自己。

我们要拒绝那些拒绝被帮助的人，把精力花在愿意被帮助的人身上。

9月17日

我们没有真正爱过谁，我们爱的是自己的感受而已。

每个人值不值得被好好对待，不是取决于对方做了什么，而是取决于自己有没有爱。要真正永远活得幸福，就要永远拥有爱，就要用一样的爱对待任何人，而不是看对方是谁，对方做了什么？别人好就给爱，别人不好就不给爱，这样还是没有保持做自己，还是会觉得活得累。

灵性是用行动去感受的，不是用思考去琢磨与理解的。用长篇理论来说明什么叫谦卑，什么叫爱，不如跪下来磕头，伸出双手拥抱，做了立刻就有体会，不做说了半天也没有感受，都是假的，灵性是无法提升的。

没有“两个对的人在错的时候相遇”，如果没在一起，那就是错的人，如果在一起，那就是对的人。如果两个人在一起痛苦，那更是对的人，是可以把自己的灵魂敲醒的人，可惜没人会这样认为。

9月18日

你对我好，我会对你非常好，因为你不欠我什么，你对我态度恶劣，我对你也不会客气，因为我不欠你什么。

时间能改变一切，错！改变的是自己的心。

有人说我们要与自己或神同在，但事实上我们最需要的，是与我们的苦痛同在比较实在。

真的很好笑，别人没做任何事，很多事都是自己在想，在难过，在生气。或者说，别人即使做了什么事，那也是当下那个时间，之后的时间里，别人没做任何事，很多事都是自己在想，在难过，在生气。我们干吗跟自己过不去？

9月19日

内向的人如果想要改变自己的内向，就不能只看到“内向”的问题，因为内向只是一种个性，不算问题。但是如果内向的人真想改变，就必须看到自己真正的问题不是内向，是“只关心自己的感受”+“不关心不在乎他人”，而这是行为，所以要改变这种行为。

内心是唯一的归宿，而不是往外求。

幸福的唯一途径是去爱，不是被爱。

哈哈，真的没有人能伤害我们，我们所有受的伤害都是自己的小我造成的，哈哈哈哈！

伤我最深的，不是我最爱的人，是我最想索取的人。很多人都污蔑“爱”这个字了，会痛苦的不是爱，是索取。当我觉得我被我爱的人伤害了，我会把焦点拉回来，我会去检视我的索取，免得把罪过加在对方身上，因为我还想继续爱下去。

伤害你的是你自己，是你自己对他人的期望，而他人生在这世上从没欠你什么。

不要把“喜欢”看得太大。喜欢只是一种感觉，一个人可以喜欢很多异性，但不代表爱所有喜欢的异性，更不代表想跟所有喜欢的异性在一起。有时不要自作多情了。

9月20日

很多人说“伤你最深的人，一定是你最爱的人”，错了，伤你最深的人，还是你自己，只不过越是你爱的人，你就越想控制对方，所以当对方的行为或结果不符合你要的时，你就伤害越深。

找对象不是为了脱离单身的身份，而是为了爱！

真正的领袖是要赋予力量，而不是造成依赖。

很多人都搞错了，把事做完不见得要内心强大，也不用等内心强大了才去做，但要坚持，只要坚持就能成功，即使一次失败了，绝不可说坚持是错误的，坚持是种精神，是种过程，不是结果。

这是小孩子状态，因为孩子就是喜欢闹，然后父母就会来安慰，但是爱人不是父母，爱人需要被尊重。所以你要长大了，要变成熟。

9月21日

不可能忘掉一个人，你需要的不是“忘掉”，而是“转化”。

不用管别人对自己有没有误会，你又不是为别人活。

当你想“拥有”他的时候，你就注定会失去他，因为拥有不是爱。

不是男人总觉得外面的是好的，而是因为家里有个坏的。夫妻的情感永远是双方的责任，不可只责怪其中一方。

优点不是用看，是用做的，也就是你有没有发挥出来帮助到人。不要只关注自己，要为他人付出。

要有给予的能量，而不是一副需要人来爱的样子！

9月22日

对错永远在你心中，也只能在你心中，只要不以伤害他人为目的，你认为对的就去做吧！

小我总是喜欢找出问题，然后寻找答案。事实上，我们要做的是，不要去找问题，而是要看到自己是美好的。

一大堆人埋怨找不到对象。拜托，要行动啊，增加认识新的异性的机会啊，不论是参加各种活动，增加面对面的机会，还是透过网络或手机的社交平台来进行交流，总要认识新的异性，才能海选啊。太多人只在那边等，等“对的人”或“懂我的人”上门。

“如果我得到一个我爱的人的爱，我会觉得幸福”，为什么不把它变成“我如果得到我自己的爱，我会觉得很幸福”？

如果没有痛苦，如何体验到快乐？如果没有思念，如何体验到相见的喜悦？

不要怕受伤害，因为一定会受伤害，就像学走路一定会摔跤一样，唯有摔过，才能学会走路，唯有失败过，才能知道如何做得更好！

等“懂你的人”是梦幻主义者，没见过你的人会懂你？没跟你相处过的人会懂你？你没跟他说明你自己的过去经历，你没说出自己心中的想法，对方会懂你？

9月23日

这是目标，走在达成目标的路上不会错。我不是教人赚钱的，但是如果有人教你成为亿万富翁，相信没有人会说"这境界太高了"而不去努力，但是，还真有人会这样想，所以他们永远成不了亿万富翁。同样的，认为真爱境界太高就放弃的人，也很难成为真爱，但是他却想遇到能给他真爱的人。

首先你要理解男女的大不同，遇到挫折，男人倾向于自己解决，女人倾向于向人倾诉。你要给男人自我修整的时间，过了，好了，自然会恢复正常。

想要吸引优秀的人才，先把自己变成优秀的人才。想要吸引理想的爱人，先把自己变成理想的爱人。想要教育成功的孩子，先把自己变成成功的父母。

9月24日

带着爱，一切都将如愿以偿。不信？你凡事带着爱试试！（什么叫带着爱？遇到任何事情都不批判，不抱怨，不受伤。）

事业上遇到挫折是为了让你更强大，感情上遇到挫折是为了让你更有爱。前者较容易做到，因为即使是对方的错，自己也知道自己没资格改变别人，只好改变自己；后者较难做到，因为同样会认为是对方的错，但是只会认为对方要改变，而不是自己要改变。

你需要做的不是改变他，而是改变自己。一方面是找出自己的错误并且改进，另一方面是改变面对他的错误，自己应该如何反应及沟通的方式。

永远不要发誓，会做到的人不需要发誓，做不到的人反而会有增加自己无能感的负面心理影响！

9月25日

不要控制他人，不要压抑自己，不要怪罪他人，不要怪罪自己。

我们希望能找到一个爱人，彼此给予支持与鼓励、敬仰与赞赏，互敬互信互爱。哦，不好意思，这种量身定制的爱人找不到，这是要经营创造出来的。

只有当下的时刻是真实的时刻，要好好享受，但是许多人都无法活在当下，心思不是在过去就是在未来，难怪无法感受生命的美好。

面对抉择，不论做出哪个选择都是对的，只要你有积极的态度及坚持到底的精神。但是如果现在的你，只会抱怨，那么不管你做出什么选择，会失败也很正常，因为你的未来不在于你做了什么选择，而在于你是怎么样的人。

很多单身的人希望遇到对的人，这是在做梦。何谓对的人？除非这个人完全照你的意思活，那是多恐怖的事啊？我们不是要找对的人，而是要找出对的生活方式。

许多人都搞错了，以为我们要得到爱才开心，事实上，我们要自己心中有爱才会开心，但是很多人却把自己心中爱的开关交在别人手上。

很多人可以为了爱人发挥强大的力量，但是为什么就不能把这种爱用在自己身上呢？

9月26日

如果男人不爱你了，不要强求，因为不管你做什么他都不在乎伤害你，而不管你做什么你都在伤害自己。

“宁缺毋滥”我绝对赞同，但不代表你懂得两性沟通与相处之道，如果你不懂得两性沟通与相处之道，那你还是宁缺毋滥好了，免得残害别人。

请你爱我，如果你真爱我，你应该祝我幸福，而不是一直想得到我。同样的，如果我真爱你，我应该祝你幸福，我不应该只是想得到你。

不要怕上不了天堂，也不用怕会下地狱，因为它们都在你心里。

人需要改变的，不是行为，是精神状态，简称心态。

觉得对方有问题的，没有真爱；有真爱的，不会觉得对方有问题。

9月27日

很多人很想忘记痛苦的事情，这是愚蠢的想法，因为如果忘了，只会再犯同样的错误。

你不可能更有爱，如果你脑子每天想的只是“成功”、“有钱”、“希望别人来爱我”。

有些人总喜欢说一个好男人应该怎样做给女生听，博得大众女性的认同，表面上他是为女性说话，实际上他把女性害得更深，因为他告诉女性男方的错误在哪里，而不是告诉女性自己的错误在哪里。一个人想要获得幸福，一定要从改变自己开始，而不是从希望对方完美开始（没人写给男人听，因为男人没兴趣）。

别人喜不喜欢我，是别人的问题，不是我的问题。我去想别人喜不喜欢我的问题，是我的问题，觉得是自己让别人有问题，还是自己的问题。

9月28日

对人好跟包容根本不会造成问题，造成问题的是没有自尊。

想让爱你的人在你身边，就好好爱一个人，不要去控制一个人，但也要尊重自己。

所有的嫉妒是否定自己，所有的羡慕也是否定自己。这是假我在嫉妒或羡慕别人的假我，只有看见真我，就不会嫉妒或羡慕别人的真我，因为真我都是一样的。

在爱情游戏里不是你争我夺，是要双赢！

要能包容对方，就要改变自己的思维，要知道世界上没有人是为了你出生在这个世上，没有人该照着你的思维过活，对方对你好你该感谢，对方没有照着你的意思行动，你不需要痛苦，但是我不是说你就不管，你还是可以与对方沟通，最坏的结果是沟通不了，你还是不应该痛苦，因为你生在这世上也不是为对方而活。

慢热的人就慢热，快热的人就快热，接受对方，不要去改造对方，否则会冲突，会痛苦。慢热的要想“我最喜欢快热的人了”，快热的人要想“我最喜欢慢热的人了”，不要讨厌对方。都做不到就分手吧，何必互相折磨？

不要强求，不强求、两情相悦的都不一定能走得幸福了，强求来的不会有好下场，无一例外。

没有任何人欠我们，没有任何人必须要照我们的期望过活，每个人都有权利做任何选择及采取任何行动，知道这些点，就能进一步知道，没有人能伤害我们，能伤害到我们的永远是自己！

9月29日

不要说你这个人讲话就是太直，事实上你这个人就是不顾别人感受。

所谓对的人并不是一定要跟你走一辈子的人，在灵魂的层面，从来没有错的人，越是能让自己伤痛的，越是给了自己机会去看见自己的创伤并做疗愈的对的人。但在意识的层面，没人会这样认为。

渴望得到爱不算过分的想法，但是别人不给也没错，最好靠自己。

“是我的就是我的，不是我的强求也没用”，所以，我们是不应该去强求，但不代表我们不能去创造。

要接受，不要去讨厌负能量，能量本身是中立的，要改变的是自己的思维。

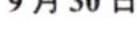

9月30日

凡事靠自己，别人顺从己意要感谢，不顺从己意很正常，自己没有资格有情绪。

很多人在讨厌别人的时候都没想过，其实这样的自己也是很令人讨厌的，因为一个只会抱怨却不能改变现况的人，也是令人讨厌的。

除了你自己之外，没人在折磨你。

不用花时间精力去管对方这么多。如果自己爱，就好好去爱去对待，如果对方拒绝，就好好学习放下与祝福。永远把时间和精力用在改变自己与付出行动上。

人不要半死不活地活着，要活生生地活着。

要随心飞翔，不要随波逐流。

10月1日

别人扭曲事实是因为他受伤、恐惧、愤恨、报复、保护自己、达到目的……原因太多了，不是我们能不能理解的问题，问题是没有一个理由会是我们愿意接受的。所以我们不要管“别人为什么这样做？”而要对产生的结果，直接采取相应的行动。

脑子要跟着心走，如果心跟着脑子走，会很累。

人无需征服任何人，只要征服自己！

我们难以认同的人，往往是我们强烈否认的自我部分。

我内心有伤口，我会自己好好抚平，如果你要跟我在一起，请好好待我，陪我抚平伤口，如果不行，那么请不要再制造新的伤口！事实上，我们要学习的就是改变自己的思维（就是没有什么“应该”和“不应该”），如果思维改变了，对方就无法制造什么新伤口了。

很多人因为讨厌一个人而不快乐。天哪！这逻辑对吗？我们为了一个讨厌的人丢弃我们的快乐生活，合理吗？有人说，因为跟我们有关啊，没关系的人我们不会这样，错！如果这样想就改变不了，除非断绝与对方的关系，但是如果能看见问题的真相不在这里，那就改变得了，有谁知道真正的问题在哪里？

崇拜你的男人，而不是批评你的男人；相信你的男人，而不是怀疑你的男人；尊重你的男人，而不是控制你的男人；男人就会乖乖忠贞地爱你了。

10月2日

不要去想我们的“真命天子”什么时候出现，因为他一定会出现。有人说：“哪有？我遇到的这个就不是，我并没有幸福。”真命天子和幸福是两个概念，真命天子是一定会遇到并且在一起的人就叫真命天子。幸福是要自己去创造的。如果想遇到“带来幸福的真命天子”，那就要先解决自身的问题。

臣服，不光是指臣服于发生在自己身上的事情，虽然接受已经发生的事实、不带任何批判叫臣服，这点也很重要，但是臣服还有更重要的作用：那就是我们要臣服于内心真正的渴望，不要受其他事情的诱惑，不要惧怕环境的阻碍，不要管脑子的评判，专心致志地去追求自己想要的东西，去做自己认为正确的事。

站在爱人面前，好好看着爱人，与爱人相识，爱人生在这世上从来没欠我们什么，所以我们要感谢上天赐予爱人给我们，爱人是用来爱的，不是用来索取的，就像我们的父母和孩子是用来爱的一样。

10月3日

“你为什么不能好好待我？”错！应该是“我为什么不能好好待自己？”

许多人的目标都放在“得到”、“找到”、“拥有”一个爱人上，难怪以后会不幸福，因为从来没有把目标放在“学习”、“检讨”、“改变”上，好像有了爱人，自己什么都不用做，就会拥有幸福生活，如果不幸福，那一定是对方的错，因为对方没有按照我要的样子呈现。

“我不允许别人背叛我”，说这句话的人要痛苦了，因为这句话是天大的笑话，是个谎言，说谎的人势必要痛苦，因为我们哪有资格允许或不允许别人做或不做什么事情，别人做什么事不需要得到我们的允许，但是很多人不知道这点，自以为自己有允不允许的权利。

世界上没有人有义务要照顾你的感受，唯一要照顾你的感受的是你自己！

10月4日

如果抱着“他不爱我”或“他根本不关心我”的想法，只会不断挑对方的错，放大对方的缺点。情商低的会与对方起激烈争执、破坏关系，虽然情商高的会调试自己、容忍对方，但这不是从根本上去解决问题。要真正解决问题，就要把思维改变成“他的确是爱我的，只是用错了方法”，才能帮助对方改变。

他爱不爱你，这是他的自由，你爱不爱他，这是你的自由，都没有错。但是你爱他却要他爱你，他不爱你你就批评指责、生气痛苦，那你就错了。错在不应该要别人按照自己的意思活，错在不应该因为别人活得痛苦。

“爱一个人”是快乐的，不会痛苦。所以当爱人选择离开自己时，要不断告诉自己“我痛苦是因为被否定，不是因为我爱他”，不要把被甩的痛当成爱的痛，否则把爱跟痛联系起来，下次就不敢爱了，就变成爱无能了。

很多人都认为如果得到或创造出自己想要的生活，那自己就快乐了，错！事实上要先让自己快乐，才能创造自己想要的生活。

信任不会换来伤心，要求、索取、期望才会换来伤心。

不要找一个“懂我”的人，要找一个“懂得爱自己”的人，如果一个人不懂得爱自己，他又如何懂得爱别人。

当我们讨厌一个人的时候，我们会把焦点放在对方讨厌的地方，而忘了看到对方内在的美，于是就会越看越讨厌。所以我们要学习的，不是看喜欢的人的内在美，白痴都会，而是要看到讨厌的人的内在美，不是为了夸赞对方，而是让自己的心变美。

10月5日

成功源自“我想要创造什么”的心态，而不是“我能得到什么”的心态。

如果有人告诉你：“你不该快乐，你应该痛苦，因为你赚的钱还不够多，你的爱人对你不够好，你没有不工作的自由”，每天在你耳边讲，那么你不会听进去，甚至你会觉得他很烦，很讨厌这种给人负面洗脑的人。但问题是，通常这种人是自己，所以我们要停止这种负面的声音，才会有活得开心的可能。

不要觉得“我应该去做什么事”，如果有“我应该去做什么事”而没去做的话，那一定不是应该去做的事，因为如果那是自己真心想做的，自然早就做了。

觉得有很多恶人，代表自己过得不好，自己过得好，焦点就会变，就会觉得世上有很多好人，所以要改变的是自己。

10月6日

有人一直容忍对方或欺瞒对方，是因为怕引起纷争，表面上是为了和谐，实际上是讨好对方。如果自己心情不受影响，那无可厚非；如果做这些事，自己很压抑有情绪甚至痛苦，那就不要虐待自己。与其做个痛苦的好人，不如做个快乐的坏人，而且做这种快乐的坏人不过是不照另外一个“坏人”的意思过活而已。

有些人感到受某人的伤害而痛苦，觉得都是他害的，问题是怎么可能是他害的？此时此刻在受苦的是自己，而认为害自己的那个人不知道现在正在哪儿快活呢？既然他不是“现行”犯，此时此刻的痛苦也一定不是他造成的，而是我们自己的思维造成的。

我们无时无刻都想改变别人，只要发现别人的思维违背我们的思维，我们就会非常在乎，情绪波动。我们何必在乎别人脑中不实的想法？所以遇到这种情形，可以微笑地在心里对自己说：“（自己的名字），随他去吧！这是他的想法。”

10月7日

情绪很难控制，没错，所以不用控制情绪，控制情绪反而会压抑，情绪还是会从其他地方出来。情绪源自思维，所以要改变的是思维，但问题是很多人不愿改变思维，比如说“在我伤心难过的时候，爱人可以不关心我”。

我们要负的责任是解决自己的问题，不是去解决别人的问题，别人的问题就让别人自己解决。例如：我很自私，我认为这是问题，我就让自己变成不自私的人就好了，别人自私是别人的问题，让别人自己解决。就像彼此都是穷人，自己想变有钱就自行努力，何必为别人是穷人生气，又何必逼别人一定要成为有钱人？

别人欺骗我们，我们很生气，但是为什么要生气？别人选择做一个说谎的人，别人选择做一个怎样的人，干我们屁事，如果别人对我说谎，我就要看不见我现在所拥有的，就要放弃我的好心情，就要被别人的谎言搞得哭天喊地的，我岂不是把自己的生活送给别人操控？别人说谎不是问题，自己让人操控才是问题。

许多人会说“我们要不断超越自己”，事实上，我们应该要“完全接受自己”。

“每个人都要为自己的人生负责”，相信很多人都同意这句话，但事实上却一直在做否定这句话的事，不断为别人的事烦恼或要别人为自己的人生负责。我就坚信这句话，所以即使是亲人，我也不会为他们烦恼，亲人不符合我的期望，我也绝对不会怪他们。

10月8日

看到自己心爱的爱人、孩子痛苦，自己怎能不痛苦？有痛苦才是爱，不痛苦就没有爱。亲人若痛苦而自己不为之痛苦，很多人会认为这是冷血。这是天大的误区，难怪很多人走不出来。“爱”怎么可能等同于“痛苦”？能想通这点的人，才是真正懂得爱的人。

有情绪的时候，立刻转化模式，从“我是情绪”的“一个人”模式变成“我和情绪”的“两个人”模式，然后跟情绪这个人对话。如果有，可以把对对方的愤怒转向对情绪：“TMD，情绪你又来拜访了！”“妈的，你滚开，你嫌我过得不够痛苦是吧！”然后问情绪这个人：“你为什么有情绪？”通常立刻会找出答案：“因为他应该/不应该……”就是这个想法造成情绪的，接下来用转念的方法去反驳情绪，就能缓解情绪，或完全走出来。

10月9日

如果每次都把对方伤害自己的记忆拿掉，那么自己又会去爱对方，就会又过得快乐。有人认为这是因为忘了伤害所以快乐，错，那是因为内心有爱所以快乐。

为什么对发生在别人身上的事情，我们可以不受影响，而面对发生在自己身上的事情，我们会受影响？大多数人会回答：“废话，一个跟自己没关系，当然不受影响。另一个跟自己有关，当然会受影响。”问题就出在这儿，事实上两个都跟“真实的自己”无关。

为什么我们感受不到幸福？因为我们已经设定了一个标准，我们固执地认为我们的生活一定要达到那个标准才会快乐，即使自己已经身处在轻松的环境，周遭的人都很爱他，他还是不快乐。我们要做的，就是把那个标准放下。

10月10日

很多人遇到不开心的事会想“天啊，为什么我会遇到这样的事？”哈哈，这当然是自己造成的啊！如果我们对待人都用爱，很多事就不会发生。或许，有些事的确跟自己无关，是对方造成的，但是自己会痛苦却是自己造成的。所以正确的问题应该是：“天啊，为什么我要让自己难过？”

我们看电视和电影的时候，会因为剧情而感到紧张、恐惧、愤怒、感动、哭泣，这些跟在日常生活中的情绪不是一样吗？有人说，不一样，因为剧是假的，所以情绪很快就消失了，因为不会当真，但是生活中是真实的。是的，关键就在于我们“把它当做真的还是假的”，问题是，生活上事情对我们的影响是真的吗？

很多人在别人眼里活得很好，甚至评价很高，但是，自己过得很痛苦，这些评价有屁用！所以永远要为自己活，不要管别人的评价。有人会说：“只为自己活不是很自私吗？”天啊！为自己的生命而活，怎么会是自私呢？事实上，真正能做到爱自己的人，通常不会是自私的，对他人也是有爱的。

自私的应该自私，醉酒的应该醉酒，暴力的应该暴力，外遇的应该外遇，就像狗应该汪汪叫，猫应该喵喵叫，这有什么好生气的？相反地，正是因为他们做出他们应该的样子，所以他们是那么的真实、忠于自己。而我们也只要忠于自己就好，莫去管他们。

当我们坐在椅子上时，我们很清楚地知道，我们不是椅子。但是当我们坐在想法上面时，我们却把自己当成想法了，于是痛苦就产生了。我们要知道想法不是我们真实的自己。真实的自己是什么？真实的自己是好好的，没有任何事能伤害到，所以不用感到痛苦。问题出在我们不要把想法当做自己，不要坐在有针毯的椅子上。

10月11日

有些人爱问问题，但是知道问题的答案又如何？例如“原来我会这样是父母造成的”，然后呢？还不是要面对与处理吗？所以我们遇到问题，就要去面对及想办法解决，而不是想为什么会如此，这是一种逃避的方式。

有人实际伤害到我的工作、钱财、人际关系、信誉等，成为事实，所以内心要受伤害吗？好好想想，内心到底是什么做的？什么东西能伤害内心？是发生的事情，还是想法？有时候我们要想对问题，才会有对的答案。

“做到不在乎太难了”，停，有这样想法首先要去掉这个想法，要觉得“我可以做到不在乎”。可以经常想象自己做到不在乎的样子，想久了就觉得自己真的可以做到，然后就有机会做到。

10月12日

有些人会问“人为什么（不知道珍惜眼前的人，认为得不到是最好的，明知道这样不好还去做）……？”等类似的问题，不管这是问别人还是问自己，问这些“指责性”的问题没意义，因为既然知道这些是不对的，那就不要去做，也不用管别人做不做得到，管好自己就好，问到答案但不去做，问就没有意义！

比较的痛苦不在于“比较”，很多人也比较却不痛苦，甚至有些人就是因为爱比较而不断地进步。比较的真正的痛苦在于“认为自己是差的”，是这种对自己的否定令人痛苦。所以最确切的说法不是“不要比较”，而是“不要否定自己”！

许多人不明了，身体健康就足以快乐，但是很多人就是无法因为这个原因感受到快乐。那是因为我们心中充满了欲望，我们觉得除非我们的欲望都被满足了，我们才会快乐。所以我们不是要努力追求什么，而是应该削减我们的欲望，削减欲望比努力满足欲望要容易得多，但是没人愿意放弃欲望，这就是问题。

10月13日

不要遇到问题就问："对方值不值得爱？"问这个问题的人逃避了自己的责任。和谐感情是经营出来的，是靠两个人的努力，其中也要靠自己的努力。问这种问题的人，搞得好像都是对方的问题，自己都没问题，唯一的问题就是不知如何判断"对方值不值得爱？"真的是很会抹黑人啊！

不要觉得他人自私，如果你想靠他人，他们才显得自私，如果你完全不靠他人，你就感受不到他们自私。你永远要靠自己，不要想从别人身上得到好处，你就不会受伤害。

要有正面想法，例如不要想"教育制度太差了"，要想"教育制度还是不错的"。有人说："这不是扯谎吗？这样算正面思维吗？"这是误区，挑好的看不代表对坏的视而不见，就像父母觉得孩子有优点，不代表就假装看不见孩子的缺点，但是这样看会用一种正面的态度去改进。

给自己的修行

10月14日

不要总是想从别人身上得到什么，或想要改变谁。你唯一要做的是清理自己，改变自己。

不生气，不控制，不执着，不受伤，不快乐（看懂的人，已经觉醒了，并走在回家的路上）。

想要心自在，就必须超越毁誉。

真正的敌人，不是“负面”，而是“我执”，因为我执是不分正负面的，但是我执会令人执迷不悟，陷在循环里，永远走不出来，永远无法看见实相。

10月15日

想要别人怎么待你，你就要怎么待人。想要说别人的问题，首先要检讨自己的问题。

我们每天要面对很多外人对我们的评论，我们要修到不论对方说什么，我们完全不受影响（尤其是亲人和爱人），情绪不跟着起舞，光这点就够修了，修这点也不需要高学历的门槛。

追求什么不重要，重要的是肯检讨自己，不断改进！

当你遇到流言蜚语、遇到挫折时，你是难过地说“我不够好”，还是微笑着对自己说“我很好”？

修行最简单的是买心理成长的书籍来看，一定要大量地看，但是很多人都不做，因为看书并不保证有结果。如果看十本理财赚钱的书，就一定赚钱的话，相信很多人早就看了，可是这没有保证，所以无法激发人的动机，问题是难道完全不看理财赚钱的书，钱就会掉下来吗？或许有其他方法，但是看书是最经济的。

问问自己想当什么样的丈夫、妻子、父亲、母亲？找到答案后，就去做吧！

人要学习，才能成长，不要总是抱怨，不要怪罪他人，把焦点放在自己想要的东西上并努力去创造自己想要的生活，人一定是现在没活好，才会去找过去的问题。

10月16日

身体有疾病，一定是心理有压力，除了要看医生之外，一定要自我挖掘一下，自己的压力在哪里？这才是最需要面对与处理的地方。

修行人如果无法宽恕或接受或放下某些事情或人，而不断地去追求开悟或觉醒，那么，这只是在逃避而已。

难过时就修禅，修什么禅？很简单，就一直问自己："我为什么要对这件事有情绪？"不要埋怨别人，就一心一意地问自己这个问题，就会慢慢积累答案，就算一时得不到答案，也不会越陷越深。

如果想要成长，过上心境平和幸福的生活，就要修炼自己的心，如何修炼？要经常检讨自己，不要怪罪别人，要经常问自己："如果我带着爱，我会怎么做？"我们会发现其实我们可以做得更好。

10月17日

不是修行人不要听。修行的人，如果女的不敢素颜，男的认为穷就是失败，那么看再多的书，上再多的课，都是白修了。

只要持续地修行，就一定会开花结果，每过一段时间，心境与内在能量均会提升到新的层次。

如果你问我修行成功的方法，那就是不断检讨自己，但不是自卑内疚，然后坚持不懈就会有成。有人曾质疑我的方法，认为我这种"永远不怪罪别人，再坏的人都要去爱对方"的方法，是"苦行僧"的方法，活该吸引一大堆考验。但是我现在发现，考验有多大，收获就有多大。

不会成长的人，都是一直怪对方的人，既然都是对方的错，自己怎么可能有问题呢？所以就不会检讨自己，就永远没有改变，遇到相同的事永远产生相同的痛苦。这里所谓的检讨不光指看见自己的错而已，更多是指看见自己过去有什么创伤。

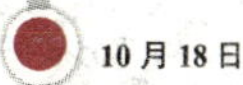

10月18日

如果羡慕他人什么的，或者自卑觉得自己不够什么的，都是没有往内修，没有看到自己其实什么都有了。

真正的学习，不是不断吸收知识，而是不断自己发现道理并践行。

很多人看了很多书，上了很多课，做了很多疗愈，修了很多行，为什么还是无法脱离苦海或感到已经活在幸福中？因为没有放下控制、占有、索取、执着。

每个人知识及教育的水平不一，看似学得多的人能修行得很好，但是错了，其实真正要修行的，是“放下控制”，理解这句话根本不需要多高的水平，剩下的就只是去做而已。

因为自卑，自卑是由于内在没有东西，所以要靠外在的东西来满足。有些人已经很有钱了，还是有虚荣心，同样是因为内在没东西。什么叫内在有东西？那就是爱、慈悲、平等心。

学习是吸收知识，生活中实践才能衍生智慧。

如果我们修行的目的是为了得到什么（财富或爱人等），那么会越修越痛苦。

想要学习、成长或改变，听到一个道理觉得不错的时候，第一件事就是认同，第二件事，也是最重要的事，就是去做，做完再检讨。但是很多人认同完道理，就说“可是、但是”，这句话一说出，基本上这个人就没救了，因为他不会去做了。

10月19日

人是可以改变的，好的模式我们可以沿用，坏的则改变，要改必须要努力地去学习与成长。

很多人看书、上课、灵修多年，还是有问题，为什么？因为他们忘记去承认与接纳自己的黑暗面，也就是自己讨厌的人身上的特质。他们往往不承认自己有这样的特质（不可理喻、暴力、奸诈、背叛、无耻、撒谎、外遇、不负责任、自大），看到这里，很多人会说“这些我没有！”see？这就是问题。

真正的灵修不是为了让自己过上更好的生活，而是为了让自己能坦然面对发生的一切。

通常让我们成长的礼物都是违背我们所期望甚至是我们所痛恨的。如果我们能从这些造成我们痛苦的事件中学习，我们就会成长，否则，就永远活在痛苦之中。

10月20日

有些修行的人，因为很容易看到人的问题，所以就会认为这个人是有问题的，在他们眼中很少有真正令他们完全信服的人。这种修行是有偏差的，事实上，一位大师和一个乞丐都是令人敬佩的，因为他们都是生命，都是存在，在外的形象与表现都是幻象。

修行要注意，例如，某个人很批判，于是开始修行不要在乎，终于做到了可以不理会不受影响。但是如果换个在乎的人批评了，就又不行了。这证明之前的修行只是修到针对某人“习惯”、“麻木”，而不是真的修到内在不受外来的批判影响。

有些人会认为，欲望是来自小我，如果往内去修，修到没有欲望，那人类就不会进步了啊！错，修内在，人就会发挥天赋，飞机依然会被发明出来，电脑依然会被发明出来，世界依然会进步，而且会进步更快。

10月21日

人怎么可能一无所有？你可以热情、阳光、自信、正面、快乐、有魅力，照样吸引人。如果你连这些都没有，那你的确一无所有，那你要赶紧提升自己，而不是追求爱情。

如果你认为你只要有更多的钱，更好的爱人，更喜爱的工作，你就会活得幸福了，那么，你修错了方向，因为一切的快乐和痛苦都是源自内在，要往内在修。

不要任由自己哀怨，每次想到对方都要质问自己：“干吗那么喜欢？干吗不把精力放在让自己活得光彩、功成名就上？”下工夫，要每天质问自己，与每天把精力放在能让自己活得光彩、功成名就的事情上，就不会郁闷了。

看一个人是否努力，看他是否有努力。看一个人是否成长，看他是否会检讨。看一个人是否成功，看他如何处理挫折与失败（努力≠成长≠成功）。

为什么很多修行的人没成效或修得很慢？因为不够时时关注。修行要：生活上遇到烦恼或痛苦，就要抓着这点不放，每天（是每天，不是一天捕鱼十天晒网）修炼，直到修过为止。不要调适完就算了，调适有助于正常生活，但不代表修过。

多看书、多咨询，多上课，多检讨自己不怪罪他人，很多人都不做，却想成长？却想获得幸福？不干活却想拿薪资？

10月22日

平常如果没事做，就多看些书，各方面的书，看多了，量变产生质变，人的素质就会变高，对以后工作及生活绝对有帮助。

我们不断找爱，所以找爱人来爱，但是我们不知道的是，我们自身就有很多爱，自身就是爱，所以要往内求。

修行一次，专注一件事修炼，不要什么都学，什么都修，精力分散，到最后充其量变成情商很高的人，但不代表真正修过内心的障碍。

当下做到控制情绪实在太难，最后就会变成“我知道，但是做不到”，然后事后也不管了，这样无法成长。所以我们先要做到的不是一下就做到，第一步是“事后”检讨，也就是每次事后，都要自我检讨，看看自己行为上或情绪上可以改进的地方在哪里，检讨久了，有一天就会做到了。这叫“事后成功学”。

10月23日

追求外在的东西就像给自己的脸化妆，有些人追到了就过得很快乐，就像脸上一直画着妆觉得很开心，但是这不代表真正地接受自己。这只是分析，没有对错。而且，能让自己一直画着妆（满足自己外在的追求），也是一件值得称赞、不容易的事。

修行更上一层楼，就是要放下城市、国家、种族等地域的概念，几乎所有人，地域身份被羞辱时就受不了。

很多人修行是用脑子修行，修到脑子充满爱，把爱模仿得很好。这种结果也不错，通常很能调适自己，所以也过得快乐。但是这并不等于懂得爱，只有内心充满爱，那才是真正的爱，才能享受到内心真正的喜悦。

修行的危险之一是，遇到痛苦时，不断修行抚平内在的伤痛，但是并没有实质地付出行动去改变现状，于是问题一直存在，然后就一直修行。

10月24日

真实的世界不重要，重要的是内心的世界。当我们内心愉快时，世界看起来是友善的、明亮的、可爱的、有活力的，但是当我们内心痛苦时，世界看起来是残酷的、黑暗的、丑陋的、过起来很累的。内心的世界决定一切，所以我们要赶紧追求美化内在的世界，而不是追求外在的世界。

“一杯清澈的水，不停地摇晃，它不会清澈；一杯浑浊的水，不去摇晃它，会自然清澈。”我们的心，每天被“生活”摇晃着，从未平静过，当然无法体验到“只是活着”的快乐。我们每天要找时间，让自己的心静下来，才能感受到生命的美好，可惜很多人的心已习惯被晃动了，想静还静不下来。

修行的人，要小心跌入陷阱，因为过于修行，容易把自身负面的一切都压抑掉、扼杀掉，而这样的修行人容易缺乏一些生命的能量，因为那些负面的东西和正面的东西，都源于同一个源头，抑制其中一方会连带另一方也被抑制了，所以真正的修行人不是要让自己成为完人，而是成为自己的两面都接受的“阴阳人”。

不要再“追求成长”了，请直接“做出改变”！不要再“修行”了，请“改变”！

有时我们就是太想做人成功，所以不断修行，而不接受自己的阴暗面，忘了做个完整的自己！

想知道自己的内在到底有没有真正的改变，看看自己的外在生活有没有改变就知道了！

10月25日

修炼不用看很多书，也不用上很多课，从最简单的开始，一个修完再修一个地做就可以了。但很多修行的人通常是一个还没做到，就跑去学习其他东西了。为什么会如此？因为沉浸在“我懂了”的，比面对怎样都做不到的挫败感容易多了。

真正的修行没人敢修，因为真正的修行是要能看破生死与放下一切。当宇宙任何时刻说“放下肉体，回家吧！”（死亡）时，真正的修行要能做到“没问题”，然后就走了。

这是人的天性，人都喜好美的事物，相信你也不例外。但是你不用担心，没有美丽外表的人自然会有同样没有美丽外表的人看上你，这没什么好抱怨的。如果没有美丽外表，还没有美好内在，都是抱怨，那更没人要了。对人好不是美好内在，不抱怨才是美好内在。

10月26日

许多人上了很多课，还是没有重大改变，那是因为他只是在修行自己面对痛苦、接受发生的事，但是没有在努力创造自己想要的生命，既然没有在创造自己想要的生命，即使情商练得再高还是不会开心。

如果大家都往内在走，寻求内在的满足与平和，那么，奢侈品公司都要倒闭了。人类花大把的钞票在奢侈品上的同时，世上有很多人还在挨饿，没衣服穿，没学上，奢侈品卖得越好，代表人类灵性层面就越退步，这可以当做一个明显的指标！

“仁义道德”听起来很好，而仁义道德也是小我的产物，但就是因为它是好的对的，所以很多人根本放不下，如果说你的家人被人杀了，你能不痛恨杀手吗？不痛恨杀手是修行该做到的事，但有人会说：“这太恐怖了，我做不到，而且你这样是错的！”这又是小我的声音，因为当你做到的时候，小我就被你杀死了。

10月27日

没有赢回自己价值的人，就会不断向别人寻求肯定才会感觉有价值，或者拼命做善事寻求价值，或者追求名利财富成功以求得到他人的肯定，才会觉得有价值。这些都是舍近求远的做法，自己的价值就是自己的内在，我们必须往内去寻找，去看到它。

很多修行的人，修行内在的目的和不修行的人只追求外在条件的目的，其实没什么两样，都是为了最终能活得幸福快乐。

如果我们热心帮助人，却遭人拒绝或否定而感到沮丧时，那代表我们还嫌自己不够好。

很多修行的人，修行的目的是为了让自己变得更好，其实还是为了能得到他人的认可与肯定并获得爱。

10月28日

“让我们感到痛苦的，永远是自己，不是对方”，要认可这句话，才有机会向内修行，疗愈创伤，脱离苦海，永远活得幸福自在。认为这句话是放狗屁的人，就一定会遇到狗屁的人，发生狗屁的事，产生狗屁的情绪。

修行，要出于好奇，而不是出于贪图快乐。

修行的目的，不是为了达到某种境界，而是允许与接受任何事的发生。

修行的人如果以为遇到了某人就领悟了是因为某人的原因，那就错了，会领悟一定是出于自己的修行，要想想自己到底做了什么？这样下次才能靠自己不断地往上一层楼。

10月29日

人永远有欺骗我的权利，是我自己应该修炼到不要为贱人动气伤了自己。

我相信有些事情的发生是命运，但是，事情发生后，活得开心还是痛苦，绝对是靠自己的修炼。

很高兴上天让我遇到纠结之事，给我机会成长。

每个人所有被引发的情绪，都是自己内在问题的显现，只有往内处理，才能真正解决问题。

如果我们能安然地待在自己内心世界的家里，家外面不管有多大的狂风暴雨，我们又怎么会受牵连？

10月30日

我们的内心就是我们的家，所有的美好都在里面。如果我们出了家门去寻找美好的东西，又怎么会找得到？即使从别人身上找到了，那也是别人的，别人一旦收回去，我们又立刻一无所有了。

内心会把这些假的当成真的，所以你要让内心清醒过来，让它知道这些是假的，所以说你要把内心搞定。

幸福只能从内在去寻求。小心，当你努力得到了外在你想要的，得到后你会觉得你之所以幸福是因为你得到了这些，这是大大地误导了自己，过不久，你一定又会陷入匮乏，然后又去追求新的外在的事物，因为内在从来没有被满足过。

在爱中修炼

10月31日

能伤害你的人只能是你自己，何苦一直自虐？

“要”就会苦，“不要”就不苦。当你想得到什么的时候，你就开始失去自由，因为在还没得到以前，你的心就会被其牵动。

当你不去面对讨厌的人和讨厌的事时，当你不去接受讨厌的人和讨厌的事时，当你不去喜欢讨厌的人和讨厌的事时，你看再多的书，上再多的课，打再多的坐，修再多的行，有个屁用？你还想要逃避多久？

很多人结束了一段关系，心想“我不要再这样了”，但是，结果通常是，再找到一个人，再次重复同样的问题，为什么？因为或许他的爱商进步了，更懂得爱了，但是逆商没长进（例如，之前被欺骗时会生气指责，这次被欺骗时还是生气指责），结果还是会一样。

11月1日

最直接的修行办法，就是嘴巴念出“我允许 + 自己最讨厌的行为”，直到心中没有任何抗拒，直到心中真的允许为止。

修行最大的关卡是对性的控制与对死亡的恐惧，其他的挑战与修炼都是浮云。

改变从自己开始，先学会宽容不计较，自己先做到再说，否则没有资格要求对方做到。

永远对自己的人生负责任，别人永远不欠你什么。这是我修行的原则。我会立马放手，如果痛苦我会找人做疗愈。然后我会检讨自己做错了什么，然后改进，成为更好的自己。我绝不求人回来，我要有志气，而且我知道我求回来的对方会不尊重我。

11月2日

灵魂伴侣是可以和你一起走进生命真相的。这样的伴侣，不会批评指责你，只会不断地深入、融入你的灵魂，无论别人怎么看，TA 都是越看越爱你，越疼惜你。不是因为你做了些什么，只是因为你这个人。停！不是要去找这样的人，而是要让自己成为这样的人。

人的本质是自私的，要求别人不自私的行为本身也是自私的，所以顾好自己就好，没有期望就没有受伤！

幸福跟自己的内心有关，无关单身不单身！

会遇到对方靠缘分，经营得好靠自己！

放下灵魂伴侣的概念，否则当你交往出现问题的时候，你就会认为 TA 不是你的灵魂伴侣，因为指责一个人不是灵魂伴侣比打造一个灵魂伴侣容易多了。虽然的确有令人羡慕的伴侣出现，但那也是少数，而且他们必定在这世或前世做了很多修炼才有现在的成果。所以每一位爱人都是让你修炼的灵魂伴侣！

11月3日

两个相爱的灵魂伴侣，正在披荆斩棘地向前行，为的是彼此真心的相遇。两人会在一起虽是缘分，但不代表在这之前什么都不需要努力，不是说一句："是我的就是我的，不是我的就不是我的"，然后守株待兔，没有任何行动（例如，多认识异性、主动追求、强化巩固、排除异己等）。

遇见是因果，遇见后是修行，修成正果则幸福美满，修不好则分离怨怼。

每个人都是来学功课的，如果不会痛，就不叫功课。什么叫放下？就是在痛中割舍这份感情，否则，有什么好学的？

得不到喜欢的人怎么办？不是要放下你喜欢的人，而是继续喜欢你喜欢的人，像爱兄弟姐妹一样地喜欢，没有占有的欲望，只要对方开心就好！

11月4日

烦恼即菩提。

不要逃避了，很多爱的修行者，为何还是无法拥有爱？因为真正的爱，没人想拥有。真正的爱就是：如果你的爱人爱上别人了，你会为TA祝福。这种爱你想拥有吗？

我真的觉得，恋爱就是修炼自己的道场，可惜很多人不这样认为。

想要理想的爱人，要先自我检讨，"我具备对方要的条件了吗？"如果没有，赶紧让自己成为匹配的人，而不是自怨自艾。

11月5日

婚姻就是相互迁就。

建议热恋的情侣，应该多看两性书籍或上课或咨询，学习两性沟通相处之道，可惜他们会认为这不需要，因为他们太爱彼此了，觉得不可能会有问题产生，就算有也一定可以化解。嘿嘿，这人真的是在做梦，本来可以事先学习一些正确的道理，来处理以后遇到的问题，但是不学，以后就有苦头吃了，而且分手的几率还很大。

有人说："谈情说爱是浪费时间，不如好好工作。"是的，如果不懂爱，真的不要谈情说爱，真的会浪费时间，不如好好工作。但是，如果不谈情说爱，又如何学会懂得爱？

人一生只要练一个功课：不要索取爱，只要给予爱。这样的人必然幸福。但是不可能，所以大家都在玩彼此索取与给爱的平衡游戏。

11月6日

遇到问题时，静下心来，带着爱，去看，不要有任何意图，不要期望有任何结果，就只是，带着爱，去看，让爱出来，自然会有答案。

要相信上天的安排，有时候你放不下一个人，是上天为了保护你，新的人不会进来，你就不用还新的债或制造新的债。这段期间，你要好好休养生息，过好自己的生活，活出自己，上天认为你做到了，或准备好了，你就会突然放下了。

所以我不断完善自己，同时我相信我会拥有幸福爱情！不要急，越急越吸引不了人，我这年纪都不急。

我相信，即使我受到伤害，对我也是有益的，因为是为了唤醒我心中的爱，因为要我学会看见真相，而不是被脑中的思维所骗。

11月7日

修行永远是用来要求自己而不是要求别人的。当爱别人的时候，我们要用对方爱的语言来对待对方，当要求被爱的时候，我们要看到对方用他们自己的爱的语言在对待我们，而不是要求对方用我们的爱的语言来爱我们。

如果爱人没有给我们想要的爱，或做了什么我们不喜欢甚至痛恨的事，因此感到伤害，其实，这是一个机会让我们探索自己的伤口，如果我们抱着这种观念去看每一次伤害，我们就有机会疗愈，从这个出发点来看，每个爱人都是来帮我们疗愈的，我们的痛跟爱人一点关系都没有，这些都是在认识TA之前就有了。

我突然发觉，过去的恋情里，爱人从来没说错什么，没做错什么，有的只是自己的创伤被刺痛和自己的情绪爆发宣泄而已。

11月8日

我们喜欢挑人的错，挑爱人的错，但是挑错的目的是什么？挑到了错又如何？除了很“兴奋”地让自己痛苦，痛苦地骂对方，还有何意义？别人犯错就让他犯错好了，别人是坏人就让他当好了，我们何须管？我们只要管好自己就好，如果受对方影响而有情绪，就是没管好自己。

女人可以强悍，但不要瞧不起男人，既然跟了一个男人，就要好好崇拜他，他就会成为你崇拜的样子。

我们不敢真正敞开心门、投入地去爱，因为我们怕受伤害，怕对方最终不是我们要的人，但是，对方往往也这样想。于是两个人都有所保留地去爱，但两个人都毫无保留地去挑错，负分大于正分，加起来结果是正分还是负分可想而知，这道数学题连小学生都会算。

11月9日

许多恋人夫妻，在一起久了，甚至从一开始，就不互相“谈心”，所以彼此的心渐行渐远，还不知道为什么。所以有空找个机会，和自己的爱人谈心吧，了解一下他内心的想法，也倾诉自己内心的想法，除非对方问起你的意见，否则不用给意见，只是聆听（不要找对方心情差的时候）。

与爱人争吵，通常一定是我们自己挑起的，所以是我们自己的问题。如果不是我们挑起的，到我们这边就要立刻结束，如果到我们这里没结束，那还是我们自己的问题。

我们要了解对方爱的表达方式，而不是以自己的标准去判定对方是否有爱，尤其是男人的表达方式，女人要理解并看到它。同样的，男人看男人也一样，当我用理解男人表达爱的方式去看我爸的时候，以前我认为他只会给钱不懂爱，后来发现那是他爱的方式，突然觉得他有满满的爱，我对他的感受也顿时幡然醒悟。

11月10日

人在受伤愤怒时，其实是最需要爱的时候，尤其是女人。男人要了解，女人的愤怒其实是索取爱的一种方式，所以男人在面对女人的批评指责时，不要跳进去（要做到这部分，就是要靠修行，重点不是在能不能做到，而是在有没有想去做到），把女人的话当做“疯人说疯话”（有效果比有道理重要），就能安抚对方。

有人说“爱一个人好难”，事实上，“去爱一个人”并不难，一个人放在那里让你好好去爱有什么难？难的是，当对方做了些你不喜欢的事、伤害你的事，面对这些问题你如何处理？这才是我们要学的东西。埋怨憎恨的人，只会拥有痛苦的生活，愿意学习面对与处理的人，才会创造幸福的人生。

11月11日

爱这种东西是，有爱的人会懂会做到，没爱的人怎么说都不懂他怎么能做到。所以我们不要光讨论爱是什么，应该讨论面对问题该怎么做？要愿意坐下来讨论该怎么做，就是要先放下“觉得对方很可恶”的看法。

每次吵架一定要把情绪发泄出来（除非自己事后真正懂得发泄），有话不要憋着都要说出来，只要不压抑，日子就可以继续过，这也是为什么许多吵吵闹闹的夫妻一直过得下去甚至感情还不错的原因。

有些人本来在爱人面前很强势，后来爱人终于忍受不了，变得对自己脾气很坏，或冷漠，或要分手，结果自己变得很痛苦，后来即使跟爱人道歉都没用。我只能说“若不想如此，何必当初”，所以我们不要假借爱的名义，强横霸道，我们要善待所爱之人。

11月12日

我们如果抱着“我需要你的爱”、“我需要你来爱我”的想法，不断地向爱人索取，如果得到了就快乐，得不到就痛苦。这是痛苦的根源，我们应该对爱人说：“我不需要你的爱”，“我不需要你来爱我”，然后自己爱自己，把爱分享给对方，对方也这样做，这样就快乐了，这就是快乐的泉源。

爱在何时？何时有爱？两性间的爱不同于亲子间的爱，父母不需要孩子来满足自己爱的需求，而且不论孩子变成什么样的人都依然可以爱孩子。但两性间的爱是要有回报，要对方满足自己爱的需求。所以当感受不到对方的爱时，就会觉得自己不爱对方，当感受到对方的爱时，又会觉得自己爱对方了。

11月13日 不管你表面上多么强势，只要你不敢离开对方，那么到吵架的时候，你一定是输家。

事实上每个人早已经把跟父母的关系带进夫妻关系里了，经常带进的是小时候与父母的负面经验！

爱情遇到挫折，比如遇到爱人做了你不喜欢的事，你会如何处理啊？愤怒、咆哮、怀疑、控制等都是不需要努力的低情商的表现，这种方式只会破坏幸福。遇到挫折表现出理性、尊重、宽容、原谅、信任等，是高逆商的表现，这种方式才能创造幸福！

我们未曾给别人爱，别人也未曾接到过爱。我们唯一能体验到的是自己的爱，当我们恋爱时，我们体验到的爱实际上是我们自己涌出来的爱，这是因为我们觉得找到了自己要的东西，就让自己的爱出来，就像小孩子找到玩具一样，孩子开心并不是玩具真的给了

11月14日 他爱，这开心是来自他自己的爱。

我们每一个人的心中都拥有最伟大的力量——“爱”。要如何证明我们有？看看我们如何去爱那些我们愿意给他爱的人，这就是了，只是我们往往不愿意把爱给我们认为伤害到我们的爱人身上。

过日子不需要到真爱或懂得爱的级别，但要懂得经营。

夫妻关系要成功，伴侣双方都要离开他们的原生家庭。这里的“离开”，指的是放下原生家庭的价值观，同时，与自己的伴侣找到对你们来说最好的、新的价值观。

很多人想找个爱人，是用来爱的，或者用来被爱的。但是人们大部分找到爱人，在自己无法察觉下，都是用来发泄的，把过去在父母身上受的气、在老师朋友那儿受的气、在老板同事那儿受的气、在前爱人那儿受的气等，慢慢发泄出来，因为……可以假借爱的名义。

11月15日

结婚前，怎么过不重要，嫁给谁很重要。结婚后，嫁给谁不重要，怎么过才重要！

如果是真心做到顺从与服务，会使爱的能量流动。“女人要服从男人，男人要服从女人”，这句话是家庭系统排列创始人海灵格说的。

每个人都想找一个懂TA爱TA的人，都希望被爱。两个人在一起，热恋期过后，就开始索取爱了，索取的方式是“你一定要照我的期望来爱我，否则你就是不爱我”，然后大战就开始了。懂得为了索取自己想要的爱也得给对方想要的爱，这样两个人才会幸福。

表达爱一定要用对方的语言，你用对了吗？爱的语言有五类：①肯定的话语；②相处的时间；③赠送礼物；④为对方服务；⑤身体的接触。请问你的爱的语言是什么？对方爱的语言又是什么？ 我是1+5。

11月16日

当男朋友挑剔时，不要把焦点放在他说什么话上，而要放在他的状态上。不要反驳说他说错，也不要攻击他的缺点。鼓励性地批评他，就说：“这不是你，你很阳光！”这句话用骂的也行，这样自己的情绪也可以宣泄。这句话与其说是鼓励，不如说是相信，相信到底，事情就会成真！

修行的时候要特别注意，是真的修行成功，还是修了一层保护膜（有时只是习惯了），变成百毒不侵？前者不论在外如何改变都能怡然自在，虽然能达到后者也算不错，但是一旦环境改变（比如换了爱人），那张膜就很容易破掉，因为每张保护膜都是量身定制的。

11月17日

每个人都认为："如果你对我好一点，我就会对你更好。现在我没有对你好，那是因为你对我还不够好。其实我是一个非常好的人，你真的是不知道！"于是，两个人就落入等待的怪圈，双方都在等待对方先做到，这是"双输"，你是否也会这样？

TA下班回来很想休息，而你也很想跟TA沟通，你可以说："下班了，你一定很辛苦吧（看见对方的辛苦）。来，好好休息一下（给对方想要的东西）。同时，我想等你休息完后，跟你聊一下（说出自己的要求），先好好休息一下吧！"如果你愿意帮TA按摩两下，那么之后TA怎么可能会拒绝你的要求？

很多人在爱情中因为遇到挫折而痛苦，都会以为是对方带给TA的痛苦。但事实上并非如此，都是自己的个性使然，这在谈恋爱之前就已经注定了，跟爱人是谁无关，换句话说不管爱人是谁，只要对你做同样的事你都会痛苦，所以你的痛苦基因在遇到爱人以前就已经存在了，TA只是触发它而已！

11月18日

爱情失败，你可以换爱人，但你会找到同类型的对象，吃同样的苦头。因为你没有改变，你的潜意识没改变，你的潜意识会选择同样的人，即使一开始在外表TA看起来跟上一个是多么的不同，到最终还是会遇到同样的问题！

尊重就是不要想控制对方，对方有做任何事的权利，而自己不喜欢的话，自己有不接受及离开的权利，这是尊重自己。

有些人年幼时父母伤过他们，以后爱人若做出相同的举动，就会触发伤口而痛苦不堪。例如，被父母背叛过的，爱人背叛时就特别痛苦；被父母遗弃过的，爱人说分手就特别痛苦；被父母批评指责的，被爱人否定就特别痛苦。这些事固然令人痛苦，而这痛苦却是触发创伤所致，但通常人们却认为是爱人造成的。

11月19日

爱情有问题，很多人都认为自己没问题，是对方有问题。有些人自认为很懂得爱，是对方不懂得爱。有些人自认为有很多爱，对方不够爱；以后如果遇到对的人，一定会让他感受到我满满的爱。这样想的人永远不会有好的爱情结果，只有不断检视自己的问题并成长才会遇到好的人。

感谢过去所有曾出现在我生命中的爱人，你们都是对的人，让我学到很多，成长很多。

有些人的父母常吵架或父母对TA常有情绪，虽然意识上TA讨厌父母如此，但是潜意识TA认为这就是爱了。所以长大后与爱人相处，潜意识无法接受平淡温和的爱，必定要挑起双方的情绪，引起双方争执，表面上感到很累很痛苦，但是潜意识认为接收到爱了。这也是为什么有些情侣夫妻经常吵架却分不开的原因！

11月20日

大部分的人，可以感谢很多人，但是就是无法感谢某个人。如果走在修行的路上，通常最需要去做的，就是去感谢那个死都不想感谢的人，是心生感谢，不是一定要做出感谢的行为。

你给对方的“幸福”，是不是对方想要的“幸福”？你有问过TA的感受吗？

两性问题不在于观念的不同，而在于沟通之道。当你用指责的语气去沟通，对方一定是反抗的。你可以用温柔（男）或撒娇（女）的方式去说，成功几率还比较大。

11月21日

一见钟情不见得终成眷属，终成眷属不见得幸福。你不用管是不是一见钟情，都要去学习如何相处、如何经营感情。

只说“对不起”是不够的，因为那可能只是为了平息纷争，要加一句“我错了”，才表明认识到自己的错误，这样的道歉才是真诚的道歉，才容易真的为人所接受。

“别人可不可以不尊重自己？当然可以。”如果你懂这句话，你就打开幸福之门了。

当对方生气的时候，其实对方是因为受伤想要爱，我们要赶紧给对方爱，对方可能会不领情，不要管它，继续给对方爱，坚持到底，一定能感化对方，同时也疗愈了对方。但如果攻击回去或置之不理，这样会给彼此都留下创伤。

11月22日

不要控制对方。两人之间要沟通和交流，这是对的，但是不一定要谁做或谁先做，有一个人做就可以了。例如，你希望TA睡前发短信，TA做不到，那就改成你睡前发给TA短信，不就解决了吗？如果你懂得了这个道理，和谐爱情就自然来了。

无论你做了什么事伤害了我，我不会怪你，因为，我不会伤害我的爱。

夏老师的心灵药方

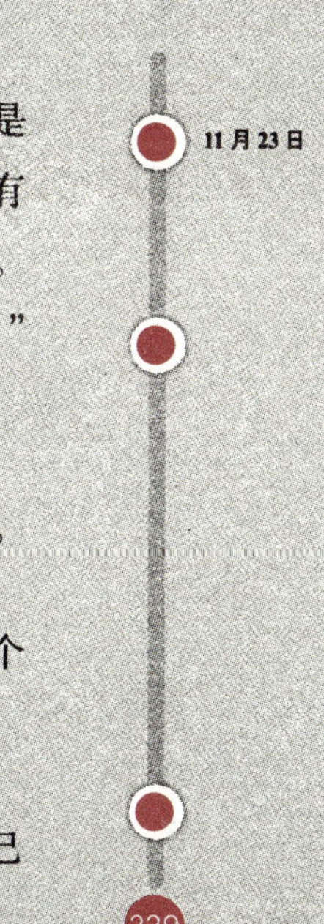

“我说了，但是没用”，会说这句话的人通常会认为痛苦都是因为对方不改变造成的。错，对方有不改变的自由，但是自己也有不接受不理会的自由，但是自己强迫自己接受，就是自己的问题。痛苦的人脑袋只有一根筋，就是：“没办法，哪能说不理就不理啊？”那我也只能说：“没办法，你没救了！”

外面的世界叫境，里面的世界叫心。心不随境转，心方能自在。

有些人痛苦真的是活该。你给 TA 不同的解决方案，但 TA 哪个都不做，然后只会每天问：“怎么办？”

很多人都想找个懂自己的人，与其找个懂自己的人，不如自己懂自己。懂自己要什么，努力去追寻；懂自己不要什么，坚决拒绝。

11月24日

不能跟着心走的，都不会开心，也永远不可能开心。你要学会跟着心走，但是想要跟着心走不容易，要突破自己脑子的批判、内心的恐惧、外人的想法，等等，这是要修炼的，不是睡一觉醒来就能改变的。

弗洛伊德认为，人们会从攻击行为中释放能量从而获取快感。但多数情况下，这种攻击性被社会制度约束以及自我管理控制。所以，发泄室、发泄玩具、周末去郊区喊山、身体状况好的去蹦极等都是释放压力的方式。

把大脑比作一个密闭容器，外界环境和我们都会向其中灌注液体，这相当于压力。试想一下，如果只进不出，日积月累容器迟早会爆炸，就相当于大脑的崩溃。解决办法也很简单，只需要开几个出口使液体排泄出去。你找到适合自己的方法了么?

11月25日

有空多做静心，任何时间任何地点都行，早上起床后和晚上睡觉前会比较方便。闭上眼，体会爱的感觉，想象跟自己爱的人相爱的感觉，脸露微笑，要感受到心理有喜滋滋的感觉，那就成功了。每天都把这种能量唤出来，看事情就会越来越正面，日子越过越开心，过去负面的东西也容易化解放下。

有情绪时，可以用叙述的方式说出来：“我觉得很生气”，“我觉得很难过”，这样可以舒缓一些情绪。

平时有情绪一定要通过某个管道发泄出来，否则压抑久了，就会发生一旦发泄出来就控制不住自己，甚至做出极端的事的情况。

化解烦恼的方法：看看时间，如果有地方可以看就看着自己，然后问你自己：“×××（自己的名字），你还要烦恼多久？”给自己一个答案，设定闹钟，然后时间到的时候，如果还在烦恼，就再问自己，重复同样的步骤，直到不再烦恼为止。

11月26日

与人争执之后，如何平复自己的情绪？找个时间，闭上眼睛，想象自己是旁观者，看见自己和对方吵架，觉察对方只是在发泄TA自己的情绪，完全跟自己无关，不断重复想象，直到领悟到这点，情绪就可以平复了。

投资自己身心灵是最值得的，把自己内在清理干净，让爱的能量涌出来，一定会过上富足的生活，不论是精神上还是经济上。

增进两性之间情感的方法：找个时间，放个抒情音乐，与爱人相互拥抱，闭上双眼，不要说话，就只是感受对方的存在，感受对方的心，感受彼此之间的连接，至少放三首歌的时间，到觉得够了为止。

11月27日

如何不受别人影响？就是要非常笃定，就像吃了定心丸。如果自己非常笃定到极点，即使别人来影响，也会根本懒得吵。就像父母很笃定要孩子打预防针，不论孩子怎么吵怎么哭闹都不会受影响，因为这是对的事。同样的，为自己活，是最对的事，没什么好受影响的，没什么好商量的，没什么可妥协的。

自己当自己的导师。当我们遇到问题时，不要抱怨，一抱怨就等于放弃了，这里不是指把问题放弃。而是说，一抱怨就等于放弃想办法了，放弃自己想办法就会希望别人来帮忙解决问题，于是到处问人，而一般情况别人也无法帮助自己。

遇到困境时，“给出爱”，这是唯一的出路，而且这方法所向无敌。

11月28日

看别人不舒服代表对自己也有觉得不够好的部分，把自己改善了，看别人就不会不舒服了。

身体会有痛觉是好事，因为痛觉告诉你身体出问题了，你要去处理。心理会有痛苦是好事，因为痛苦告诉你心理有创伤，你要去处理。

我会检讨自己，不开心通常出于控制，我会允许我的不开心，然后放下我的控制。

每条道路都能通往每个人的心门，问题是，你有没有钥匙能打开那扇门？

什么是敞开？就是不控制，这两个是一体的，就像握拳是控制，

11月29日

手张开是敞开。宇宙想给你的一切，就像一个球，你手张多大，就能抓起多大的球。重点不在于你能多“敞开”，而在于你能多“不控制”。

简单说：放下。深层次地说：你要把精力用来让自己成为更好的人和好好待自己上面。因为你没在做这件事，所以心里会无意识地把快乐的泉源投射到对方身上，以为只有得到对方才会快乐。

解压的方式有很多种：吃饭、聊天、逛街、唱歌、听音乐、看电影、运动、旅游，等等，有效就好！

你问问自己，当你生爱人的气时，你心里有TA吗？还是只有自己？ 遇到问题时，你有想跟TA走下去的念头吗？还是你在想的是到底要不要跟TA分手？

11月30日

我们要学习，第一时间表达自己的意见，重点是要坚定，这才能训练一个人内心的强大，如果心怀任何不好的感觉，都是在否定自己。如果无法确定，也要第一时间，坚定地说，“我要考虑一下”，而不要心虚地答应或防御地拒绝。

看恐怖片是让自己紧张再放松的释放压力的方法。

我们永远不用放弃任何人或任何事，唯一要放弃的是控制。

我们要知道，我们自卑的东西都跟我们真正的自己无关，认清这点，就不会自卑了。

我们会根据内在自我形象行动，所以要改变内在的自我形象。

12月1日

如何不讨厌造成自己痛苦的人？就只是经历那个痛苦而已，不要去怪造成自己痛苦的人。就像吃坏食物拉肚子，你会感到痛苦，但是你不会去恨那个食物，你也只会想办法把肚子治好而已，而不是想着如何向食物报复。

检讨才会进步，不怕犯错才敢行动，行动才会有结果！不断重复这三个步骤！

接纳，不是不会痛，而是不会批判。例如，膝盖受伤，你会感到痛，你会受不了，但你只会感受到那个痛，虽然叫苦连天，但你只会想办法治疗。但你不会有讨厌或憎恨痛的情绪，更不会去讨厌你的膝盖。

内心寂寞的解决的方法有两个：一是找一个对象；二是活出真正的自己。

12月2日

我们若能看见自己的美好内在，我们就不需要去控制别人，别人也无法控制我们。

不要去要，只是去爱。爱久了，就不会想要了。

遇到问题，一定要面对与处理，而且要用正确的方法，否则以后只会付出更大的代价。

有人爱胡思乱想，这没有问题。如果想要改变，要改变的不是控制不想，而是要控制想的内容，很多成功的科学家、企业家、伟人，他们也无法停止不想东西，但是他们想的都是有用的东西。

生活要“坚强”，但有时，“放下”更坚强。

许多人祷告总是祷告好的事情发生，好的事情的确会发生，但这不代表不好的事情就不会发生。所以要祷告自己的抗挫折能力超强，比拥有美好未来要实在多了。

12月3日

有人问我：“夏老师，你怎么都不会生气，你是神仙啊！”我说：“不要污蔑我。”“什么意思？”“我是努力得来的，不是天生的。当别人说‘我控制不住’时，我说‘我一定能控制住’，当别人都在怪罪对方时，我绝不怪罪对方时，当别人对未来绝望时，我始终相信未来是美好的”。

写下不爽的事有助于缓神压力，那写下愉悦的事情，又会有什么收获呢？心理学家 Chad Burton 等人的研究发现，每天花 20 分钟写下美好经历的人，坚持 3 天后，快乐指数和幸福感都明显上升，在后来的 3 个月中，他们的身体也更健康。想快乐？那就写出你的幸福吧，你将会收获更多！

12月4日

人的心情会反复很正常，不要讨厌“反复”，不要讨厌自己有情绪低落的时候，我有时也会感到消沉，但是我就把它当做潮汐，过去就好，也不会期望它不再来，因为它一定会回来的，就好像炎热和寒冬一定会遇到，如果每次炎热和寒冬来，就痛不欲生，那不是自找苦吃吗？所以，不喜欢的，接受就好，习惯就好。

如何消除烦恼？想想一年前的烦恼，你会发现当初的烦恼早就不见了，甚至根本记不起一年前有什么烦恼，如果还记得，相信你也会纳闷：“当初我干吗为这件事烦恼？”所以，今天你在烦恼的事，一年后已经不重要了，甚至根本不用等到一年后就会消失殆尽，那么，现在花那么多精力烦恼有什么意义？

12月5日

想要改变却没有毅力怎么办？找个安静的地方闭上眼，想象自己最讨厌的人在面前，想象最讨厌的人对自己说“你是不可能改变的”、“你没有资格过得（比我）快乐”、“我诅咒你痛苦”等贬低自己的话，然后自己就会有不服气的能量，然后把这股能量付诸实践。

有人质疑或否定我们的想法，我们的直接反应通常是防御或敌对，但是我们何必如此？我们从来不去想这个问题，所以不会找到答案，所以不会改变反应。

其实我们真正需要的不是原谅对方，而是唤起心中对对方的爱，因为有了爱，自然会消融我们心中的伤口。

许多女性经常隐藏自己的年龄不愿他人知道，这是小我在作祟，要放下，心灵才会自由。

12月6日

不要理会他人的想法，意思是不批判他人，也不批判自己。不用管别人，意思是不要想改变别人，别人是怎样的人就让他去做怎样的人好了，他又没付你顾问费，你何必为他操心？

一个人一定要会、要有不求回报去爱人的经验，才能懂得爱是什么，没有这样经验的人，只懂得索取的爱，根本无法创建幸福的生活。

如果你不能进入内心世界，看见与接受每一项特质（好的和坏的），那么，你一无所有。

别人惹到自己的时候，不要老是觉得别人怎么那么讨厌，这样的人难怪不会成长，始终无法过得幸福。遇到别人惹到自己的时候，我们要这样想：“我怎么又受他影响了？我要赶紧改变我自己。”别人真的永远没有问题，别人爱发神经是他的事，我们受影响是自己有问题。

12月7日

我们所有受的伤害都是假象，因为我们的心永远是完好无缺的，问题是要看穿这点不容易。想要做到，就必须放下所有的对错，所有的善恶。

流露情感是好事，是真性情的表现。以前我也是“男儿有泪不轻弹”，现在我是“眼眶有泪挤出来”。

当我们觉得对事情无能为力时，那感觉是非常可怕的，怎么办？好好哭一场，接受自己的无能为力。之后不要试图对无能为力的事做任何尝试，把精力花在其他还能改善的事情上，你就会发现，生命依然如此美好。

12月8日

压力是指标，是告诉我们有没有花精力在真正有意义的事情上面，如果我们把精力花在真正有意义的事情上面，压力就会消失，如果把精力浪费在错误的行为上，压力就会持续。

许多人因为受伤了，于是就不敢再去爱了。为何如此？因为他一定认为受伤都是对方的错，所以怕别人再次伤害他，他就不敢爱了。如何解决？要检讨自己，找出自己的错，就不会认为是对方伤害了自己，既然不是对方伤害自己的，那就不会再怕爱了。

哭一哭更健康，生理和心理上都有帮助。

一个人如果想改变一个人（例如爱人、孩子、心爱的人），那么自己必须先做些改变，而不是担心焦虑忧愁难过。当自己改变成有爱及正能量了，不需要用嘴巴说什么，这股能量自然能影响对方。但是如果自己做不到（不要担心焦虑忧愁难过），那自己真的没有资格期望对方改变，做人要公平。

12月9日

当疗愈师是以接受一切的态度、没有善恶对错甚至没有帮助的意图对待，求助者内在深层的东西就很容易出来。

我们对人好，别人可以不收，我们不要生气；别人收了可以不感谢，可以不回报，我们不要难过，因为这都是别人的事，我们只要知道，我们对人好的时候是为了让自己开心。别人对我好的时候，我都应该感谢，不管曾经如何。

音乐真是美，它是唯一能不经过大脑思考直接接触灵魂的。

12月10日

要发挥自己的意志力，我们要把自己的恐惧当敌人，告诉它："你休想得逞，我一定会战胜你的。"很多人的问题就是永远怕它，试想想，你不跟敌人打只是被它打，你怎么可能会赢？

很多人是好人，为什么还要受痛苦的折磨，不论是轻微的还是严重的？因为好人不代表就不想控制，只是好人不会在行为上控制别人。

写下自己所有的抱怨，然后把抱怨中的"你"一律改成"我"。例如"我要你爱我"变成"我要我爱我"，"你不负责任"改成"我不负责任"，然后自己做改变就好。

男人（女人）最大的幸福是，让自己爱的人幸福。最大的痛苦是，让爱的人感到痛苦。要做到这样，先要让自己成为有爱的人，而不是控制的人。

12月11日

当一个人让你伤心的时候，恰恰是你开始修炼的时机，我一向都是这样做的！

不要人有痛苦就希望TA变好，情绪低落是正常的，要给TA痛苦的时间与空间。就像一个人的父母去世了，你希望TA立刻恢复正常，甚至开心起来，可能吗？对吗？

当你抱怨对方没有给你什么的时候，你一定也没有给对方同样的东西，给过一次不算，是要持续地给。

把过去的记忆当敌人，不要相信它，不要让它来破坏幸福。但是，如果新恋情失败了，不要把错误放在"不应该尝试"，那是逃避，要看到失败的原因一定是自己"两性沟通和相处的能力不够"。

12月12日

不强求，两情相悦的都不一定能走得幸福了，强求来的不会有好下场，无一例外。

被别人恶劣对待怎么办？一、当做是还债，还债是越早越好，免得下半辈子遇到还痛苦。二、不断质问自己："别人做什么说什么完全是别人的自由，别人没问题，我干吗要受影响，这一定是我的问题。"一定要看到别人没做错什么，是自己承受能力不够，结论就是不要怪罪别人，否则自己很难走出来。

当我们感到难过想哭的时候，就哭吧，但是请就只是去感受那个痛苦的情绪而哭，不要把思绪投入令你难过的原因，因为那是假象，真正的痛是来自内在，不是来自你脑中想的那个原因。也就是说，哭的当下，你只是为了痛而哭，但忘了为了什么而哭，这就对了。

12月13日

有人问我"你说的你都做得到吗？"大部分我已经做到，也有还没做到的，因为我也会有情绪，但是我会努力去调整，否则自己会不开心。但是在行为上我一定做到，行为上我绝对不会去控制一个人照我的意思活。

不要仇恨，对方又没干什么，真正让自己痛苦的是自己认为被伤害，事实上要是我们认为没什么，就没人能伤害我们。

每个人都是自己最好的咨询师，但是很多人不愿意帮自己。帮自己的方法就是："不要控制他人。"

12月14日

人本来就是自私的，先接受，不去管他自私的部分，有机会称赞他做得好的部分，你就有机会影响他为你改变。不要说他没有做好的部分，如果做得不好，那还不赶紧离开？

不需去担心别人背后的全貌是什么，因为每个人一定有不好的一面，与其想办法看到别人背后的全貌，不如修炼自己到别人即使有负面都能不受影响。

有些问题是藏在人的内心深处潜意识里，催眠是挖掘潜意识最好、最有效的工具。

对自己的要求：跟着内心走。对别人的要求：没人是欠自己的。

自己不舒服绝对跟对方没有一点关系，是自己内在的创伤被触碰到了。带着这份觉知去接受自己的不舒服及安慰自己，这样比较容易放下。

12月15日

人会自卑就看你在比较什么，不要比较外在的东西，要比较内心的品质，所以如果你好好做人就不会自卑了，除非你爱比较外在的东西。

割舍是种能力，有些人生的功课，就是要学会割舍（不是痛苦地放弃，要做到淡然地放下才叫割舍）。

没事不要想搞明白别人为什么这样做，人家干什么是别人的自由，总想搞清楚理由的人，会活得很累。

整个世界是扭曲的，人本来是可以乱骂人，可以不尊重人，可以欺骗人，可以贬低人，可以嘲笑人，可以瞧不起人，这些本来都是可以做的，如果，每个人都看到自己的存在，就不会受这些影响。但是世人却教人们不要做这些“坏”事，而不是不要受其影响。

12月16日

你给对方的"幸福"，是不是对方想要的"幸福"？你有问过TA的感受吗？

当有人说你想窃取月球时，你不会生气，因为这是你连想都不会想的事。但是，如果爱人说你常跟陌生异性聊天有鬼，你可能就会辩驳，甚至发火。为什么呢？因为这件事情很有可能发生，或曾经发生过。一般而言，越接近事实的指控，你越有可能为它发火。

其实很多人在提问的时候，心里早已有了答案，提问只是为了寻找一个心理支持。

不管你是单身还是有爱人，只要心中一直渴求爱，而得不到，你的心就会累！所以要放下渴求，但不代表不可以追求，就像你可以去看电影，但你不会天天想要看电影，或者非要看电影，甚至认为不看电影就不会幸福！

12月17日

我觉得自己知道得越多，就觉得自己知道得越少。我觉得自己越懂得爱，就觉得自己越不懂得爱。我越希望别人给我幸福，就越发现别人给不了我幸福。我越想让别人幸福，就越怕无法让别人幸福。我越是想知道我是谁，就越是不知道我是谁。我越是想觉醒，就越是醒不来。决定都不想了……又开始想了。

爱情为何总叫人受伤？因为人们打着爱的名义，男人想要女人成为他的奴隶，女人也打着同样的算盘，双方都希望对方能照着自己的期望过活，他们使对方成为奴隶的方法或许不同，但是私心是一致的！

12月18日

很多人想“懂得爱”，但事实上他们并不想“懂得爱”，因为如果真的懂得爱，那意味着，要接受对方所有的缺点，要允许对方做任何事情，这，怎么可能?

脑子需要休息。一个问题如果1小时想不出来，就投入到完全不同、最好不相干的事中，过一段时间再回来，就较容易想出答案。有时让自己完全放松睡一觉，第二天答案就会出现。

逆商简单地说就是：跌倒后爬起来的速度！

懂得爱不如懂得处理危机。没有不懂得爱的人，只有不懂得爱的时候。

12月19日

我们来做个实验：请大家缩胸缩背，把眉头皱起来，往地上看，这个时候保持这个姿势不要动哦。现在请你心里想一件令你快乐的事情，但是嘴巴不能笑哦，还是皱着眉头，此刻你的心情有办法快乐起来吗？你有没有发现，在这样的状态下很难高兴起来。所以你身体的姿势、行为会影响到你的情绪，你可以学会通过如何调节身体姿势、行为来得到你想要的好心情。这可以用在处理负面情绪上。快试试吧！

当对人有情绪的时候，可以大力地做几次深呼吸（因为人在吐气的时候一定是放松的，这是自然状态），然后微笑地看着对方，这样可以化解大部分的情绪。然后可以说出自己的感受，例如，“我很想攻击你，因为听到你这样说我很生气”，这样情绪又可以消减很多，因为说出自己的感受会舒服，攻击反而会增加憎恨。

12月20日

事实上，我们过得好好的，不用去管别人做了什么，不用管别人恨别人做了什么，不用管别人对自己做了什么，别人的事、别人的烦恼、别人的情绪由别人自己去承担。我们千万不要扛过来，因为我们自己过得好好的，心一旦跟着别人走，就不再自由，不再快乐了。

自卑的胖子是因为他自卑，不是因为他胖，因为很多同样是胖子的却不自卑。但是因为他把自卑的原因归咎于胖，所以他会认为只有瘦才能不自卑，而放弃了除了减肥以外的努力。而他又一直减不下来，所以一直陷在“我自卑因为我是胖子”里走不出来。

跟很多人说，要学习（看书、上课），要成长，很多人都说愿意，但是一转身又投入生活的洪流中，被不停地转动着，迟迟不学习，那就不要抱怨啦，这叫天下没有白吃的午餐，去医院看病，医生都开药方给你了，你自己不吃，病好不了，怪谁？

12月21日

自卑的人要经常说：“我很好，我真的很棒！”而自大的人要说：“我很烂，我真的很差！”目的是要看到自己的两面性，接受自己的两面性。如果一味地往一个极端走而不承认另一面的存在，心灵就不会完整，心灵不完整就一定会痛苦。

外在的不用修补，要修补的永远是内在的心。

最好的连接词是“同时”、“而且”，绝对不可说“但是”、“可是”之类的话，否则自己否定了前面的肯定，等于白说，而且更加糟糕，会引起对方防御的心态。

12月22日

最终解开结还是要靠自己！

我们一直期望被疗愈，但是我们忘了一件事，那就是我们自身就具有疗愈的能力，但是要靠不断地修炼，所以不要相信别人说只有某种技术能帮到，一旦你听了，求助了，你就失去了挖掘自我疗愈的能力。

恐惧大部分是来自对未来的恐惧，害怕因为现在发生的事情而导致未来的损失与痛苦，但这就是最大的幻觉，或者说因为现在的快乐是架构在现在的事物上而不是架构在内心的基础上，所以不管发生什么，都是一秒前的过去，我们应该一笑置之，怎么可以把它等于未来？

心理有抗拒或恐惧的情绪时，是最好的成长机会，即使中途发生挫败，人生掉落低谷，也要相信自己一定都能爬起来，因为每个人自身原本就是美好的，一定会活得美好（有人不相信，不相信的人会心想事成地无法活得美好）。

12月23日

我们要了解，真的没有人能真正伤害到我们，唯一能伤害到我们的是我们自己，是我们"讨厌"一件事的想法伤害我们，是我们认为这事是"坏的"的想法伤害我们。要问自己："我为什么要受伤害？""我堂堂一个×××，为什么要受这件事的伤害？""我干吗要受对方的伤害？"

有些人受伤害，搞不明白为什么对方会这样做？这些人的问题就在于搞不明白而想要搞明白，问题是，干吗一定要搞清楚别人为什么要这么做？

感到受伤时要说出自己的感受，不要转移话题或攻击对方，这样只会陷入无止境的争执。例如，对方说"我觉得你很过分，都是你的错"，我们可以说"听到你这样说我很难过"，对方或许会或不会领情，不要理他，但是这样做可以让我们面对自己的情绪，面对久了就可以不受自己的情绪控制了。

12月24日

有朋友问我读什么书能内心平静？关键是不能看错书：明明夫妻感情有问题却从来不看两性关系的书籍；明明事业有问题，却经常看小说；明明亲子沟通不好，却从来不看亲子教育的书籍；明明经济不好，却花大把的钱买八卦杂志。所以，真正能让人平静的书，是能帮人解决问题的书。

有些人就是没救。当你向TA提出解决方案时，TA就告诉你如何的没办法做到，当你说完所有办法后，当TA反驳所有办法后，TA最后还是要问你："我该怎么办？"

所有的痛苦，都是源于自己跟自己的某种品质失去连接，而这种断开，很多原因是由于小时候所受的创伤，所以疗愈过去的创伤是可以解决问题的。但是如果能靠其他方法做到与自己断开的品质重新连接，不一定要去挖掘创伤做疗愈才行。

12月25日

通常会因别人说的话而生气，一定是认为对方说的不对，既然对方说错了（就像有人说猴子会生蛋），我们干吗那么生气？如果我们生气了，那一定是对方说中了，比如被说自私，一定是我之前对其他人有自私的行为，这点被说中了我就会生气。所以一切的源头都在自己！

人是能够掌控自己生活的，更多、更大的压力往往不是来自外界，而是来自自己施加给自己的压力。过分追求完美的人无论对生活还是工作要求都很高，其实，要认识到人无完人，学会接受自己的不完美。这样就能给自己一点空间，放松一些。你说呢？

12 月 26 日 如果一个人明明长得不错，但却不受人喜欢，通常有个共性：一是太自私，只顾自己，不在乎他人的死活与感受；二就是他们都会觉得“我不喜欢父母”，或至少讨厌其中一位，与父母的关系不好。

不要改变别人，改变别人的结果只会体验到自己的无能，改变不了别人还感到无能，真是赔了夫人又折兵。

我们怕投入爱情，因为我们怕受伤害。问题是爱是那么美好的能量，我们如果尽情投入爱，等于尽情拥有美好的能量，为何会受伤害？那是因为，我们投入的不是爱，而是自私、占有、索取，而对方一定会拒绝满足，然后我们就痛苦了。

有人说“TA 自私、暴力、欺骗，我觉得我应该离开 TA，为什么我没做？难道这不是应该去做的事吗？”不矛盾，因为离开 TA 一

12 月 27 日 定是更痛苦的事，而人选择较不痛苦的事来做，不是很正常吗？虽然还是痛苦。

“我需要找个宠我的，我需要找个懂得爱的，我需要找个懂我的……”，拜托，为什么不是“我想找个人来宠他、爱他、懂他”？有人回答得很快：“因为爱情是自私的。”既然如此，当对方自私的时候，就不要生气。

有些人想要忘记一些事情或人，但事实上，这些事情或人是忘不掉的。真正解决的方法是去转化对这些事或人的感觉，很多人做不到，但通常不是这些人做不到，而是不愿意去做。甚至连尝试都不尝试。

12月28日

男人有男人的缺点，女人有女人的缺点。这些缺点，自己的父亲、母亲身上也有，但是我们会接受，即使心理不接受，我们也不会跟父母大吵大闹一定要他们改变，所以日子可以一直过。我们让父母保持他们自己的样子，我们也可以活得很快乐，为什么？这就是接受，正确地说，是不改变对方。

吃醋是小孩的情绪，代表TA内心的小孩还没长大。还有很多情绪都是小孩的情绪，因为很多人内在的小孩都没长大。

很多夫妻都把对象当做对父母的投射，把过去所有对父母的不满发泄在对方身上，其实如果能把父母毒打一顿，把过去所有的不满宣泄出来，那么可能就会好多了，但是现在不会也不可能这样做，所以这些都无形地发泄到了爱人身上了而不自知。

12月29日

问题最大的根源是自己。痛苦的人大多认为自己是好的、善的、有爱的、诚实的、正直的、宽容的、付出的……对方是可恶的、狭隘的、自私的、不可理喻的、控制的、没有爱的……所以造成自己的痛苦，这实在是太好笑了，别人是怎样的人干屁事，而且如果你真是自己所描述的人，那怎么会痛苦？

“原本我是很正常的，对别人也很正常，是TA太过分我才会……”，事实上，这就代表我们原来就有创伤，有黑暗面，只是没有机会显现，但不代表我们好好的，对方只是激发了它。我们这些创伤及黑暗面，在遇到对方前早已存在，与对方无关，现在被激发出来了，反而是给我们一个机会去面对它，处理它。

12月30日

没有所谓对或错的人，也没有所谓对或错的时候，你遇到的爱人如果让你痛苦，那是因为TA触碰到了你的创伤，如果你知道这点并且愿意去面对它，把它疗愈，那么爱人就是你最好的磨炼者，看不到这点的人，就会活在痛苦里，并认为要不是遇到错的人，就是在错的时间相遇，错！一切都是最好的安排！

很多人一个人的时候，自己吃饭，自己逛街，生病了自己照顾，家务自己做，难过了自己安慰自己，等等。但是一旦有了爱人，很多人就假借爱的名义，开始把这些工作交给爱人来做，如果对方做不到，就认为对方不爱自己，就生气，然后自己就痛苦。

本来自己过的时候好好地，没有爱人的时候，凡事自己就搞定了，为什么有了爱人，自己就不会活了？这都是把让自己快乐的责任交给别人惹的祸，结果搞得自己痛苦也是活该。

12月31日

想要帮助别人（亲人、朋友）过得好，就是想要控制别人的生命，别人愿意听你的劝，那很好，按照你的意思发展；别人若是不愿意听劝，那也是别人的自由，我们要尊重这种自由。不要打着为人好的名义怪罪别人不听劝，也不要因此感到痛苦，其实都是自己的控制欲惹的祸。

只想找一个“懂我”的人，自己却不愿“懂别人”，天下哪有这么好的事啊？

夏东豪亲授课程班

想改变你的人生吗？你的人生由你的潜意识决定的，你不突破潜意识的限制，你无法变得更有钱，也吸引不到对的人，潜意识也会破坏幸福的爱情。催眠是改变潜意识的工具中最强大的力量，许多人不自觉中用了催眠的力量改变自己的人生，获得了巨大的成功，而学过催眠的人更能轻而易举地改变自己的潜意识，创造出自己想要的幸福人生与财富。

咨询手机：18621974605
咨询座机：021-52286791 转 818
报名邮箱：service.originhealing@gmail.com

注：凭此页可抵扣 500 元，每人限用一张优惠券。